Bemerkungen

Gerald Denk Giebel

2013

Herstellung und Verlag:
BoD - Books on Demand, Norderstedt
ISBN 978-3-7357-1850-1

Vorwort

Es gibt eine große Anzahl an hervorragenden Aphorismen und viele ausgezeichnete Essays. Aber dem einen ist der Aphorismus zu kurz, zu unbestimmt, dem anderen ist das Essay zu lang, zu langwierig. Dazwischen gibt es recht wenig. So liegt hier ein Büchlein vor, das versucht diese Lücke zu schließen und Gedanken etwas ausführlicher darstellt als der Aphorismus und dennoch sich bemüht, die Kurzweil zu erhalten.

Dies macht es notwendig, auf den Hinweis zu verzichten, dass ein Großteil der Gedanken schon vorher gedacht wurde. So hat Aristoteles schon darauf hingewiesen, dass das Wahre in der Mitte liegt, Descartes auf die Teilung zwischen Geist und Körper etc.

Es finden sich Themen, auf die jedermann im Alltag stößt. Diese wurden bemerkt und zu Bemerkungen gemacht. In diesem Vorgehen findet sich die Person des Autors mit seiner Sozialisation, seinem Wissen und Denken als Filter. Daher wird der geneigte Leser nicht alle Sichten teilen, aber sie können ihm dazu dienen, seine Sicht daran zu messen und so zu einem solideren Urteil zu gelangen, sei es im eigenen Urteil gestärkt, eines Besseren belehrt oder zu neuer Sicht gelangt.

Abenteuer

Nachdem der Staat über Jahrzehnte fast alle Risiken des Lebens übernommen hat, suchen immer mehr das Abenteuer, da ihr Leben es nicht mehr bietet. Am sichersten findet sich das Risiko im Neuen, da es hierfür keine Erfahrung gibt. So werden im Sport oder Urlaub gegen Bezahlung Tätigkeiten ausgeübt, gegen die die Ausübenden, müßten sie eben dies bei der Arbeit tun, heftig protestieren würden.

Abgeordneter

Freiheit und Ordnung sind Antipoden. Je größer die Ordnung, desto kleiner die individuelle Freiheit. Daher steckt nicht umsonst die Ordnung im Wort und Mensch Abgeordneter. Es steht im Grundgesetz, dass er in seiner Entscheidung frei, nur seinem Gewissen verantwortlich sei; so wundert man sich, dass sein Gewissen so beschaffen ist, dass es sich wohl freiwillig dem Fraktionszwang unterwirft oder es einfach der Verantwortung nicht antwortet.
Oder sieht er sich als Volksvertreter, als Stellvertreter und seine Arbeit und Aufgabe besteht darin das Volk Glauben zu machen, dass seine Entscheidung die seine gewesen sei?

Abstraktion

Die Abstraktion ist einer der vielen überhöhten Begriffe, da an ihrem Ende meist Begriffe, Theorien, Modelle oder ähnliches stehen und daher angenommen wird, daß sie den Übergang von sinnlicher zur rationalen Erkenntnis fehlerfrei und objektiv inkludiert. Aber bereits vor dem analytischen und synthetischen Denkprozeß setzt die Selektion bestimmter Merkmale, Eigenschaften und/oder Relationen durch das Wollen geprägt, willentlich oder unwillentlich ein. So läßt sich oft der Trick beobachten, daß der konkrete Fall aus der Position des Sprechenden von der Abstraktion erfolgreich abgeleitet wird. Mit diesem Vorgehen überrascht man andere und gelegentlich sich selbst.

Akademiker

Was früher eine Geisteshaltung war und sich auch im Leben wieder fand, wird heute durch Zertifikate bestimmt. Dies ist ebenso sinnvoll, wie die Benennung Olympiasieger für jeden einzuführen, der die 100 m unter 25 Sekunden läuft. Die sprachliche Ausgestaltung der Welt in dieser Form wird keine wirkliche Veränderung herbeiführen, außer daß der wirkliche Akademiker nicht mehr so leicht zu erkennen ist.

Allmachtsphantasien

Strafen wie Gott will der Staat mit seiner willfährigen Justiz, besonders wenn es um seine Belange geht. Er hebt praktisch alle Bürgerrechte in der Abgabenordnung auf. Seine Aufgabe wäre es aber vielmehr, die Bürger vor weiteren Schaden zu schützen. Er sieht nicht seine ureigensten Aufgaben, wie Sicherheit, sondern reguliert das Leben der Bürger, die er nur noch als Verfügungsmasse und Geldreservoire ansieht. Er wird dies weiterhin tun, solange kein Widerstand auftritt.

Altbekanntes

Es gibt zwei Dinge, die für gut gehalten werden: Das Neue und das Gewohnte. Am sichersten und mühelosesten ist es daher, Altes als neu anzupreisen, denn man kennt seine Wirkung. Alles was älter als eine Generation ist eignet sich hierfür. Da die Jugend das Neuste regelhaft überschätzt – es fehlt ihr der Vergleich – kann man sich auf den Erfolg verlassen, denn die Älteren wollen nicht als rückständig gelten.

Alter

Mit zunehmenden Alter wird die gelebte Zeit einerseits immer länger, andererseits die zu erwartende Lebensspanne immer kürzer. Hierin liegt der Grund, warum Ältere immer mehr in der Vergangenheit leben. Das relative Alter lässt sich aus den Plänen für die Zukunft absehen. Besteht das Leben nur noch aus Vergangenheit, so ist der Geist bereits gestorben.

Alternativlos

Das Wort alternativlos ist ein Widerspruch in sich. Es gibt immer die Möglichkeit etwas zu tun oder zu unterlassen. Meistens gibt es sogar mehrere Möglichkeiten des Handelns. Mit der Verwendung dieses Wortes will man sich der Notwendigkeit entheben, sein Tun zu begründen. Mit diesem formal logischen Begriff will man die Inhaltsleere kaschieren.

Altersschwachsinn

Man muß dafür sorgen, dass der alte Mensch in seinem immer kleiner werdenden geistigen Reich seine Würde behalten kann, denn dies hat er sich aufgrund seines vorherigen Lebens verdient. Dieselbe Nachsicht, die dem nachlassenden Körper entgegengebracht wird, darf dem Geist nicht aus mangelndem Verständnis vorenthalten werden. Dazu zählt auch, dass eine Ansicht nicht einfach als dement stigmatisiert ignoriert wird, sondern stets abgewogen werden sollte.

Anarchie

Dass keine Herrschaft - außer über sich selbst - ausgeübt wird, sollte eigentlich ein erstrebenswertes Ziel sein. Es setzt aber den denkenden und sittlich guten Menschen voraus, denn nur dann kann auf allgemein verbindliche Regeln und Gesetze verzichtet werden. Hiervon sind wir aber ein gut Stück entfernt. Da unsere Gesellschaft träge ist und keine Visionen mehr zuläßt, wird Anarchie zwischen Chaos und Bomben im Bewusstsein abgespeichert und so entsteht der Vorwand für immer mehr Regeln und Gesetze.

Andenken

Früher wurde mit diesen Wort eine Erinnerung oder ein Gegenstand, der dem Erinnern Anlaß gab, bezeichnet. Für diese Tätigkeit ist in der jetzigen Zeit kein Platz mehr, da kein offensichtlicher Nutzen damit verbunden ist. Vielmehr mutierte das Substantiv zum Verb und ist ein typisches Wort der Zeit: man durchdenkt nicht mehr, man denkt an, und trotz des offensichtlichen Mangels wird das Wort hoch geschätzt, da Tätigkeit an sich und auch das Tempo noch höher gewertet wird, als ein Ergebnis.

Änderung

Änderung gilt als gut. Nicht mehr das Neue hat die Nachweispflicht besser zu sein als das Alte, sondern bereits ein Schwachpunkt des Alten ist ausreichende Legitimation für Änderung. So haben Bewegungen ohne Ziel, Reformen ohne Konzept Konjunktur, auch wenn ein Festhalten am Alten, was sich einigermaßen bewährt hat, vernünftiger wäre.

Anfang

Ein Anfang ohne Ende oder Ziel ist nicht denkbar, denn sonst wäre immer etwas Früheres denkbar. Das Ende oder Ziel bestimmt aber den Anfang. So entwickelt sich aus dem Anfang eine Sache oder ein Gedanke und erst wenn sie oder er ersichtlich wird kann der Anfang erkannt werden. Ein Anfang kann also nur in der Vergangenheit auf das Ende oder Ziel bezogen liegen.

Angst

Wir Deutsche leben in einem gesegneten Land: keine nennenswerten Erdbeben, kein Tsunami, überschaubare

Flutkatastrophen, seit zwei Generationen keinen Krieg mehr, auch Hunger und Durst sind keine Bedrohung. Dennoch gibt es kaum irgendwo sonst so viel öffentlich diskutierte Sorgen. Aber genau diese Springflut an Bedenken entsteht auf dem Boden dieser Republik: So wie die Anzahl der Depressionen mit so genanntem Wohlstand steigt, so ist dies, wenn es die Mehrheit eines Volkes betrifft, wenn Bedenken, Sorgen und Angst die öffentliche Meinung bestimmt, ein sicheres Indiz, dass es dieser Gesellschaft (zu) gut geht, jedenfalls materiell.

Anpassung

In der Schule erfolgreich sind nicht die Querdenker, sondern diejenigen, die sich das zu eigen machen, was von ihnen erwartet wird. Auch die weitere Ausbildung - sei es in Lehre oder Studium - zeichnet nicht eben der allgemeinen Sicht entgegenstehende Meinungen aus. Auch im weiteren Lebenslauf wird überwiegend nur die Anpassung prämiert. Daher ist die Anpassung eine notwendige Voraussetzung für Erfolg in einer Gesellschaft.

Ansehen

Ansehen erwerben die Leute, die - bewusst oder unbewußt - eine starke Wirkung auf andere ausüben. Gewöhnlich kann dies nur entstehen, wenn eine hohes Maß an Wechselwirkung besteht. Gedanken und Haltungen müssen verstanden werden. Gerade diese Tatsache schützt den Denker, der eingetretene Pfade verläßt, vor dem Ansehen. Denn Ansehen kitzelt die

Eitelkeit, die kaum einen Menschen fremd ist, und sein Denken und Sprechen würde sich verändern.

Aporie

In Problembetrachtungen auftretende Widersprüchlichkeiten, oder um bei der wörtlichen Übersetzung zu bleiben, Ausweglosigkeiten, werden zunehmend nicht einmal mehr ignoriert. Der Wunsch nach Eindeutigkeit führt zu einer Wirklichkeitsillusion, in der sich kommod leben läßt. Ein nicht auflösbarer Widerspruch stört das Harmoniebedürfnis und wird daher folgerichtig durch das Paradoxon emotionale Intelligenz, gefühltes Erkennen, kompensiert. Die wahre Welt verlassen zu können und in einer gefühlten zu leben, das ist für viele im eigentlichen Sinn Wohlstand.

Arbeitskraft

Im günstigen Fall erfreut sich der Mensch an seiner Arbeitskraft. Wie ganz anders in der Wirtschaft: Hier fühlt er sich auf seine Arbeitskraft reduziert, wobei es egal ist, welche Ideologie herrscht; taucht er im Sozialismus nur als Arbeit auf, so heißt er im Kapitalismus human resource. Nur im überschaubaren Betrieb, wo einer den anderen kennt, kann und darf er Mensch bleiben.

Argument

Öffentliche Diskussionen werden zunehmend von Fassadenargumenten bestimmt. In der Fernsehrunde springt der Diskutant auf und ruft: "Das ist ja Sozialabbau!" Die Empörung in der Stimme ist das Argument und niemand bricht die Diskussion ab. Offensichtlich ist Empörung eine Haltung, die auch einem Idioten Würde und Anerkennung verleihen kann. Der Sache selbst ist sie aber sicherlich nicht förderlich.

Armut

Der Begriff hat sich durch Technokraten völlig verändert. Nicht mehr das reine physische Sein, Hunger, Durst, Kleidung sind gemeint, sondern gesellschaftliche Teilhabe. Dies ist festgeschrieben. Daher bittet der Arme heute nicht mehr, sondern fordert ein. Eine Gegenleistung ist nicht zu erbringen. Wer ist sozialer? Der, der nimmt oder der, der gibt?

Arroganz

Als Hybris, Hochmut oder Arroganz wird zunehmend ein Verhalten empfunden, welches nicht Rücksicht auf die Meinung der breiten Masse nimmt. Dies ist aber eine Hybris der Masse, da sie davon ausgeht, dass abweichendes Verhalten eo ipso schlecht sei. Sie macht ohne Selbstzweifel ihr Empfinden zum allein gültigen Maßstab. Dies ist die Arroganz der Masse. Aber natürlich gibt es auch die Arroganz als Mittel eine soziale Distanz zu demonstrieren, meist in Eitelkeit wurzelnd.

Arzt

Die meisten Ärzte haben den Beruf gewählt, weil sie ein hohes Maß an Zuwendung, an Empathie haben. Dies wird ihnen aber gründlich abgewöhnt durch eine Unzahl von Vorschriften. Selbst das Aufklärungsgespräch, das dem Patienten die Angst nehmen sollte, ist juristisch weitgehend ausgestaltet; das Sozialgesetzbuch V mit seinen über 30.000 Ausführungsbestimmungen regelt neben anderen Gesetzen ärztliches Verhalten; eine unüberschaubare Flut von Richt-, Leitlinien und Empfehlungen, die vor Gericht nahezu Gesetzescharakter erhalten, legen das eigentliche medizinische Verhalten fest. Da kann man sich nicht wundern, wenn sich immer mehr Ärzte wie Beamte verhalten.

Ästhetik

Es gibt heute Fachleute für alles. So gibt es auch Fachleute für Ästhetik. Ästhetik wird empfunden. Was bei einem etwas in seinem Inneren zum Klingen bringt, hängt von seiner Persönlichkeit ab, von seiner Lebensgeschichte, Sozialisation u.a. Wie kann jemand hierfür Spezialist sein? Diese Kulturbolschewisten enteignen und vergewaltigen nicht nur die Ästhetik, und sie werden damit fortfahren, solange man ihnen keinen nennenswerten Widerstand entgegen setzt.

Atheist

Die häufige Erklärung, dass es Gott nicht gibt, sondern er nur ein Gedanke des Menschen sei, bleibt an der

Oberfläche. Es gibt etwas jenseits des Verstehen, vom einen Natur, vom anderen Schicksal oder Zufall genannt. So bleibt nur noch ein Streit über das Wort. Um es amüsanter zu formulieren: Ein Bischof und ein Atheist unterhalten sich. "Ich glaube nicht an Gott!" sagt der Atheist und der Bischof erwidert: "Ich glaube nicht mal das." Etwas anderes ist es, danach zu fragen, woher man denn so genau wisse, was Gott von den Menschen verlange.

Aufmerksamkeit

Die Aufmerksamkeit ist die Konzentration des Geistes auf Wahrnehmungen, seien es Dinge der Umwelt, Gefühle, Handlungen und anderes. Da die Ressource begrenzt ist, aber gesellschaftlich gleichzeitig und wahrscheinlich auch deshalb einen Wert darstellt, ist das Erzielen von Aufmerksamkeit vielen ein wichtiges Ziel. Gelingt es, so erfahren sie hieraus eine Bestätigung ihrer Wichtigkeit. Hierdurch wurden die Medien - Rundfunk, Fernsehen, Internet, Presse -geändert. Aber das Erregen von Aufmerksamkeit kann auch als Ablenkungsmanöver eingesetzt werden, wie es Kriegsherren, Taschendiebe, Redner und andere tun.

Ausbildung

Immer wenn heute von Bildung gesprochen wird, wird eigentlich Ausbildung gemeint. Denn Bildung schützt nicht vor Armut. Wahrscheinlich geschieht die Verwechslung mit Absicht, da Bildung eine positive

Konnotation hat. Bildung ist im Kern das reflektierte Verhältnis zu sich und seiner Umwelt, es formt sich also der Mensch selbst hierbei. In der Ausbildung wird er aber von anderen so geformt, wie er für die Gesellschaft, den Staat, den Betrieb, die Universität eben gebraucht wird. Das was bei der Ausbildung geschieht ist Konfektion, Massenware.

Ausreden

Es werden sicherlich ebenso viele Ausreden wie Reden gehalten, dabei wird in den Ausreden mehr Geist aufgewandt. Meist erfordern die Ausreden mehr Aufwand als ihr Anlaß es gefordert hätte. Da sie vorhersehbar sind, sind sie nahezu regelhaft vermeidbar und damit, da der Mensch zur Faulheit neigt, unklug.

Ausrufezeichen

Das Ausrufezeichen ist erst etwas über 200 Jahre alt, hat aber eine steile Karriere hinter sich. Kaum ein Werbespruch, der nicht mit ihm endet, kaum eine Email, die nicht mit ihm markiert ist. Heute ist jeder und alles wichtig. Erstmals stand es 1797 in der Bibel: "Lass ihn kreuzigen!" Heute steht es im Firmennamen: "Joop!" Man hat den Verdacht, das iPhone, das iBook etc. wird von einem umgedrehten Ausrufezeichen angeführt.

Aussteigen

Die Weltflucht gab es schon immer, den Versuch seiner Welt zu entkommen, aus seiner Rolle zu fliehen, in der Hoffnung der zu werden, der man glaubt sein zu können. Da dieser Wunsch viele beseelt, wurde die virtuelle Welt im Internet geschaffen. Aber hier führen sinnentleerte Dauerkommunikation und Informationsmüll zu einer ständigen Belastung; die Parallelwelt formt ihre Kinder und der „Nutzer" merkt irgendwann, daß er hier noch viel weniger er selbst ist. Es ist Zeit für den Ausstieg aus der virtuellen Welt und den Einstieg in die reale Welt.

Auswahl

Wählen zu können, ist eine Voraussetzung von Freiheit. Heute gibt es eine hohe Vielfalt an Dingen, die erworben werden können, was ein hohes Maß an Freiheit bedeutet. Aber man muß auch hier mit der Freiheit sorgsam umgehen, denn sonst wird man nicht fertig mit dem Wählen aus 50 unterschiedlichen Marmeladen oder die sorgfältige Wahl aus 2 Millionen Büchern verhindert unter Umständen, dass ein Buch gelesen wird. Deshalb muß man oft sich mit einer guten Wahl bescheiden, weil die beste Wahl die Zeit für wichtigeres stiehlt.

Auto

Früher war das Auto auf das Wesentliche konzentriert, ausgestattet mit dünnen Lenkrädern, noch dünneren Schaltknüppeln und kaum verstellbaren Plastiksitzen, so empfand sich der Fahrer als Maschinist, der der

Maschine seinen Willen aufzwang. Heute fällt die Diskrepanz zwischen außen und innen auf: außen martialische Trutzburg, innen behagliche Immobilie. Der Wunsch nach Sicherheit und Prestige läßt die Menschen alltägliche Verrichtungen, sei es Einkaufen oder Kinder in den Kindergarten bringen, in Panzern, SUVs genannt, erledigen. Erhabenes und Lächerliches liegt oft nah beieinander.

Autorität

Autorität kann man haben, man kann aber auch eine Autorität sein. Da das Formale immer leichter zu erfassen ist, wird die einem Amt innewohnende Autorität leichter anerkannt. Da aber in einer Massengesellschaft am leichtesten diejenigen ein Amt erreichen, die über keine eigene Meinung verfügen, sondern die allgemeine Meinung als Fahne vor sich hertragen, kommt es auch zu einem Autoritätsverlust des Amtes, weil es so zumeist durch Menschen ohne Autorität besetzt wird. Dieser Autoritätsverlust wird dann im Bewusstsein der Mehrheit als Gleichheit gefeiert.

Bachelor

Früher hieß der Bachelor Studienabbrecher. Früher dient diese alte Bezeichnung für die Vorbereitung auf das Studium, heute verbessert sie die Statistik zur Zahl der Akademiker. Aber wenn man einen Ackergaul Rennpferd nennt, wird man dennoch kein Rennen gewinnen und der Acker bleibt unbestellt.

Beamter

Viele Beamte werden, was sie tun. Ihr Auftrag ist es hoheitliche Vorschriften ohne Ansehen der Person auszuführen. Daher genügen drei Sätze zum Einbahnstraßenverkehr mit dem Untertan: Das machen wir immer so; das haben wir noch nie so gemacht und da könnte ja jeder kommen. Ist der Beamte freundlich gestimmt, so kann er noch erlären: "Ich habe die Vorschriften nicht gemacht" oder "Ich bin nicht zuständig." Beamte sind unbestechlich, sie nehmen nicht einmal Vernunft an.

Bedeutungslosigkeit

Viele Menschen in der Massengesellschaft haben Angst vor Langeweile und Einsamkeit, aber mehr noch vor der Bedeutungslosigkeit. Sie begegnen diesen Ängsten durch den Aufbau einer fiktiven Gemeinschaft mit einer Heerschar auch virtueller Freunde, die ihnen nicht bekannt sind, sondern nur deren positiv ausgedachten Profile. So genügt ihnen oft schon die Teilhabe an Internetnetzwerken, um die Illusion sozialer Relevanz des schwächlichen Ichs als Wirklichkeit wahrzunehmen.

Begeisterung

zunehmenden Begeisterung ist gut und gefährlich zugleich. Sie ist einer der wirksamsten Erfolgsfaktoren, kann aber, wie ein Virus Krankheiten, Überzeugungen übertragen, ohne daß es gleich bemerkt wird. Daher darf die Begeisterung nicht die Leidenschaft zur praktischen Vernunft überflügeln. In der Jugend ist die praktische Vernunft noch schwächlich und die Begeisterung überwiegt daher leicht. Mit Alter ändert sich das und es überwiegt die Skepsis. Daher sind die Alten für Ideologien nicht mehr so anfällig, es sei denn, sie suchen den Applaus der Jüngeren.

Betreuung

Besonders die staatliche Form der Zwangsbetreuung, wie bei Kindern, Asylanten Arbeitslosen und anderen zeigt das formale und damit entmenschlichte Prinzip. So werden die Alten satt und sauber zu Tode verwaltet, Zuwendung im Minutentakt berechnet oder Asylanten Arbeit als sinnfüllender Lebensteil verwehrt. Völlig unverständlich ist den Beamten, daß die Betroffenen für diesen staatlichen Terror nicht dankbar sind. Und so verstärken die Hilflosen auch noch den auf sie bezogenen Mißmut und Haß, den sie als Fall und damit als Arbeit ohnehin schon auslösen. So entsteht doch noch Menschlichkeit und Gefühle, aber leider nur der unschöne Teil.

Bevormundung

Die Bevormundung durch den Staat nimmt zu, der davon ausgeht, dass er besser weiß, was für den Einzelnen gut und richtig ist, sieht dabei aber nicht den Einzelnen, sondern die Gemeinschaft. Aber auch der Einzelne meint zu wissen, was für den anderen gut und richtig ist. Diese Bevormundung trifft besonders hart die Jungen und die Alten, weil behauptet wird, die einen können noch nicht, die anderen nicht mehr absehen, was für sie gut ist. Die Zeiträume der Bevormundung werden am Anfang und am Ende des Lebens ständig ausgeweitet, eine Gegenwehr durch allgemeinen Konsens nicht zugelassen.

Beziehung

Korrelationen lassen sich durch Computer leicht herstellen. So hat sich die Wissenschaft darauf kapriziert, die Bedürfnisse des Publikums zu befriedigen. Es lassen sich Abtreibungsquoten mit Kriminalitätsstatistiken korrelieren oder um dem Bedürfnis nach Sensation und Tabubruch unter wissenschaftlichem Mantel nachzukommen: Schwule Mäuse sind lernfähiger als heterosexuelle; Weihrauch verursacht Lungenkrebs etc. Eine Korrelation ist aber noch keine Beziehung, wie der Rückgang der Störche und der Geburten deutlich macht.

Bibliothek

Bibliotheken sind Büchersammlungen. Ihre Funktion hat sich aber grundlegend geändert, da mittlerweile fast jede Information, jeder Text mit dem kleinsten Computer überall erreichbar ist. Das Buch kommt zum Leser und nicht mehr der Leser zum Buch. Dennoch werden Bibliotheken noch aufgesucht, da hier der Geist der Kontemplation konserviert ist; man ist ohne Ablenkung in Gemeinschaft mit dem Buch allein: eine Parallelwelt zur Parallelwelt des Internets.

Bildung

Bildung ist schon lange von Ausbildung verdrängt worden. Die kindliche Frage: Was bringt uns das? hat ihre Antwort auch an den Hochschulen erhalten: 40 - 50 Prozent Gebildete bringt uns nichts, also laßt sie Touristik oder Medienwissenschaften, Verwaltungswissenschaften, Pferdewissenschaft oder Krankenschwester studieren. Für Menschen, die nur auf Nützlichkeit sinnen, hat Bildung und Wissen an sich keinen Wert und daher wurden die Universitäten zu Berufsschulen umgebaut.

Bildungsoptimisten

Sie bestimmen die Diskussion über die Bildung und gehen von der Annahme aus, dass einige Schüler die gesteckten Ziele nicht erreichen, weil sie nicht ausreichend gefördert werden. Würden alle Schüler im gleichen Maß gefördert, so würden die Leistungsunterschiede noch deutlicher werden und es blieb nicht einmal die Ausrede, dass die Verhältnisse ursächlich seien. Dies könnte noch die Reste von Selbstbewußtsein der schwächeren Schüler zerstören.

Blasphemie

Welche Hybris! Als ob der Mensch Gott beleidigen könnte. Ist dies Wort nicht vielmehr die verbale Keule zur Verteidigung von ethischem Rigorismus, hohlem Pathos, Selbstgefälligkeit oder Selbstdarstellung? Da hilft auch wenig, wenn darauf hingewiesen wird, daß jeder Buchstabe der Glaubensschrift von Gott diktiert wurde, denn was stört es eine deutsche Eiche, wenn eine Sau sich an ihr reibt? Und es müßte ein schwacher Gott sein, der der Hilfe des Menschen bedarf.

Boulevardpresse

Das Erfolgsprinzip besteht darin, vorbestehende Vorurteile und Meinungen aufzunehmen und sie zu verstärken. Die meisten Leser wollen nicht ihre Meinung anhand konträrer Meinungen überprüfen, sondern in ihrer Meinung bestärkt werden. Dies ist die Grundhaltung von Schwächlingen, die sich nur in der Herde sicher fühlen. Meine Deinung wird zu Unsung. Wird die Boulevardpresse lang genug verinnerlicht, kann man sich sogar die Mühe sparen, zuerst eine Meinung zu haben.

Brief

In unserer Zeit der schnellen Kommunikation mit Telefonat, Email, SMS u.a. ist der geschriebene Brief, besonders der handgeschriebene zum Ausdruck höchster Wertschätzung des Adressaten aufgestiegen. Nicht nur die Mühe ihn zu schreiben nach Aussuchen des Briefpapiers und das Frankieren, das zum Briefkasten bringen, drückt dies aus, sondern auch die Langsamkeit des Erstellens zeugt von einer größeren Dichte des Mitgeteilten und einer höheren persönlichen Zuwendung; zudem fehlt der Druck auf den Empfänger einer unverzüglichen Antwort.

Bücher

Lesen unterfordert die Sinne und führt zur sozialen Isolation. Aber gerade dies sind die Vorteile: Der Reizüberflutung sich entziehen und zur Kontemplation finden. Gerade die Unvollständigkeit des Buches führt zur Belebung der Möglichkeiten des Lesers. Deshalb kann ein Buch nur gut sein, wenn es in der Hand eines verständigen Lesers ruht.

Bürgerrechte

Der Staat gewährt dem Bürger formal Rechte. Aber spätestens beim Geld hört der Spaß auf: Im letzten Paragraphen der Abgabenordnung heißt es: "Die Grundrechte auf körperliche Unversehrtheit und Freiheit der Person, des Briefgeheimnisses ... der Unverletzlichkeit der Wohnung werden nach Maßgabe dieses Gesetzes eingeschränkt." Kurz, die Aufhebung jeder bürgerlichen Rechte und keiner wehrt sich.

Bürokratie

Die Herrschaft der Verwaltung ist fortgeschritten; sie stellt die Vorschrift über den Menschen, behandelt ihn als Objekt. Dies wird als Vorteil ausgegeben, da es als rationale Herrschaftsform gesehen wird und Willkür ausschließt. Das Schlimme wird dabei leicht übersehen: Es ist eine Diktatur, die tief in das Leben des einzelnen eingreift und die Individuen entmenschlicht, eben zu Objekten macht. Da Verwaltungsakte nicht personifiziert sind, ist auch niemand scheinbar für diese Diktatur verantwortlich.

Chirurgische Unordnung

Chirurgie wird mit Disziplin und Ordnung gleichgesetzt, nicht zuletzt, weil sie sich zum Teil aus militärischer Tradition versteht. Da verwundert die Benennungen der Spezialitäten: Kinderchirurgie, also die Benennung nach dem Lebensalter, Unfallchirurgie wird nach dem auslösenden Ereignis genannt, die Plastische Chirurgie erhält ihren Namen nach der Methode, Gefäßchirurgie nach dem Organsystem, wie auch die endokrine Chirurgie oder Neurochirurgie. Die Körperregionen bezeichnen Bauch- und Thoraxchirurgie. Das hat wirklich Hand- und Fuß (chirurgie).
Wo in der Medizin derzeit ein Bestreben besteht systematisch zu normieren, steht man verwundert vor dieser unsystematischen Einteilung.

Christen

Christen haben es gut, denn wenn sie früh sterben, leben sie länger ewig. Dieser tröstliche Gedanke lässt sie aber häufig übersehen, dass es bereits ein Leben vor dem Tod gibt. Dieses kurze Leben hat Gewicht gegen das ewig währende. Aber wird nicht allzu oft versucht, Tatsachen durch Glauben, Illusion und Vorstellungskraft zu ersetzen?

Daumen

Die Grundvoraussetzung aller kulturellen Errungenschaften liegt in der Opponierbarkeit des Daumens. Ohne diese Möglichkeit des Zufassens, des Begreifens wäre auch die Zivilsation nicht denkbar. Hätte das Hirnvolumen und Denkfähigkeit des Menschen während seiner Entwicklungsgeschichte ohne Erfolgsorgan zugenommen, so hätte er sich zwar über seine Gedanken austauschen können, sie aber nicht umsetzen können, wäre von den dümmeren Exemplaren der Evolution verdrängt worden.

Demenz

Neben der schicksalhaften Demenz scheint es aber auch eine selbst verschuldete zu geben. Diese wird nicht nur zugelassen, sondern auch gefördert. All die kleinen segensreichen digitalen Helfer, vom Taschenrechner über das Handy mit Telefonnummern- und Adressenspeicher bis zum Navigationsgerät fördern die geistige Trägheit, wie es der Schulbus, das Auto, die Lifte, die Rolltreppen und -bänder und all die anderen Hilfen, die als Befreiung von körperlicher Arbeit empfunden wurden, es vermochten dicke Menschen entstehen zu lassen. Vielleicht gibt es neben Fitnessstudios auch bald Studios für Kopfrechnen und Merken.

Demokratie

Wenn die Mehrheit herrscht, legt sie fest, welche Minderheiten unterdrückt werden dürfen, wem wieviel Geld oder Ansehen zusteht. Aber dieses System funktioniert in größeren Gesellschaften schon lange nicht mehr, denn es werden den Bürgern nur noch Abstimmungspakete vorgelegt, die zuvor in mehr oder minder geheimen Zirkeln ausbaldowert wurden. Zu diesen Paketen geschnürt aus Zuckerbrot und Peitsche, aus Honig und Knute mag der Befragte sich nicht äußern, da er weder Peitsche noch Knute möchte. Diese immer geringere Wahlbeteiligung führt dazu, dass mittlerweile eine Minderheit festlegen kann, welche Mehrheit unterdrückt werden darf. Wenn bei 60% Wahlbeteiligung 50% die Regierung wählen, legt kein Drittel fest wohin es geht. Die Zufriedenheit und die Demokratie sind gegangen.

Demut

War Demut eine Haltung des Menschen, die er als Knecht Gottes einnahm, ist sie mit der zunehmenden Abkehr von der Kirche verloren gegangen. Auch die Kleinheit des Menschen in der Anschauung der Natur hat nichts Vergleichbares entstehen lassen. Nicht einmal das Eingebundensein in immer größere Gemeinschaften hat eine immer größere Egomanie verhindern können. Daher sind die Gemeinschaften immer weniger wert, da keiner bereit ist, seinen Willen hintan zu stellen. Anders ausgedrückt: Aus der Sicht des Individuum steht sein Wille stets über dem Gemeinschaftswillen.

Derivationen

Obwohl scheinlogische Begründungen (Ein Afrikaner sagt: „Wenn Gott die Europäer lieben würde, hätte er ihre Haut nicht ohne Farbe gelassen.") in der Soziologie schon lange bekannt sind, erhalten sie zunehmend Raum im öffentlichen Leben. Dies ist der Preis für die derzeitige Schnelligkeit der Gesellschaft, in der Prämissen und Axiome nicht mehr geprüft, sondern hingenommen werden. Für den Glauben an die Schlussfolgerung reicht schon die logische Form. Etwas gröber formuliert: Es wird nicht mehr darauf geachtet, was gesagt wird, sondern wie es gesagt wird.

Dialektik

Es gibt - neben der theoretischen Erkenntnis - so etwas wie die Lust am Widerspruch, deren Wurzel die Überzeugung ist, dass nichts wahr ist, dessen Gegenteil nicht konsequent gedacht wurde. In vielen Aspekten ähneln sich der Computer und der Mensch: binärer Code, ja oder nein, Strom fließt oder nicht; da der Mensch so ist, hat er auch den Computer auf das einfache Prinzip der Dialektik ausgerichtet. Die Maschine könnte mehr, aber auch der Mensch.

Digitalisierung

Während der Industrialisierung wurde die Muskelkraft der Arbeiter durch Maschinen ersetzt. Ähnliches erleben wir aktuell durch die Digitalisierung hinsichtlich der

Geisteskraft. Aber ebenso wie damals sich die Art der Arbeit änderte, wird sie sich auch heute ändern. Das bestehende Wissen ist nahezu zeitgleich allgegenwärtig, Algorithmen werden durch Maschinen abgearbeitet. Wozu werden die Menschen die frei werdenden Kapazitäten benutzen?

Diktatur

Im Gegensatz zur antiken Form der Demokratie hat sich so etwas wie eine Diktatur des Proletariats herausgebildet. Nicht mehr die, welche den Staat tragen, möglich machen, haben einen wesentlichen Einfluß auf die Richtung der Gesellschaft, sie versuchen es auch gar nicht mehr. So werden die Leistungsträgern immer mehr Reglementierungen unterworfen, um eine Angleichung zu erreichen. Erreicht wird aber auch eine Angleichung der Leistung zum Schaden der gesamten Gesellschaft.

Diskriminierung

Wenn eine Wohnung vermietet wird, eine Einstellung vorgenommen wird und es zwei oder mehr Bewerber gibt, so kann mindestens einer nicht berücksichtigt werden, wird also diskriminiert. Dabei ist streng darauf zu achten, dass nur erlaubte Diskriminierungen gemacht werden. Der Staat verbietet als Grundlage der Diskriminierung z.B. das Geschlecht, Religion, erlaubt aber die Körpergröße, den Beruf oder Parteizugehörigkeit. Da der Staat (noch) nicht entscheidet, gibt er wenigstens die formalen Begründungen vor.

Diskussion

Nichts behindert eine lebhafte Diskussion mehr als Sachkenntnis. Wenn aber die Anzahl derjenigen, die mitreden steigt, hören oft die auf zu reden, die etwas zu sagen hätten. Es mündet in eine Konkurrenz der Stimmen, wobei derjenige, der gerade Luft holt Zuhörer genannt wird. So bilden sich dann oft zwei Gruppen, die nichtssagenden Redner und die beredeten Schweiger. Leider kommt es meist darauf an, wer etwas sagt, nicht was er sagt, wie laut und wie oft er es sagt. Der Kopf verliert gegen den Kehlkopf, aber in ihm liegt anatomisch definitiv nicht der Verstand.

Dummheit

Die Dummheit gilt, sobald bei anderen bemerkt, als Zeichen der Schwäche, wird belächelt. Sie ist aber vielmehr ein Zeichen der Starken, denn sie ist ohne Selbstzweifel. Ist man auf nur eine Sicht beschränkt, kennt man nur einen Bezug, einen Weg, einen Maßstab, so handelt man überzeugt, ohne von weiterem Denken angekränkelt zu sein, zumal er meist die Mehrheit hinter sich weiß. So kann der Dummkopf unbeirrt seine Meinung gegen Klügere durchsetzen. Äußeres Zeichen ist der Ernst, das ständige Demonstrieren von Würde, denn zum Humor, besonders wenn er einen selbst betrifft, ist jedenfalls soviel Verstand erforderlich, daß man einen weiteren Standpunkt erkennt.

Durchschnitt

Die Bildung, die Gesundheit, der Verdienst u.a. aller soll überdurchschnittlich werden, ist das Ziel der neuen politischen Offensive. Mit diesem Widerspruch in sich wird tatsächlich Politik gemacht. Wenn alles angehoben wird, entsteht ein höherer Durchschnitt. Diesen Wettlauf können die dummen Leute nicht gewinnen, für die alles relativ ist, auch wenn sie nicht sagen wozu. Aber obwohl sie in einem Satz deutlich, wenn auch ungewollt und daher ohne Frage ehrlich, zum Ausdruck bringen, dass sie nicht wissen, worüber sie sprechen, werden sie von den anderen Unterdurchschnittlichen erhört.

Egalität

Die Menschen sind stolz darauf, nicht gleich zu sein. Dennoch gilt in den Gemeinschaften eine Egalität vor dem Gesetz als erstrebenswert. Durch die Herrschenden wird dies aber immer mehr dazu mißbraucht, eine Gleichheit durch das Gesetz herzustellen. Dies wird von denen begrüßt, die davon profitieren und es wird gesagt: "Starke Schultern müssen mehr tragen". Aber warum sollten das starke Schultern tun, wenn es kein verdienstliches Mehr, und sei es Anerkennung, gibt?

Egoist

Während der reine Egoist, da nachvollziehbar, noch zu ertragen ist, man sich auf ihn einstellen kann, ist der Egozentriker unerträglich. Die Selbstbezogenheit, der dauernde Kampf um Aufmerksamkeit und Anerkennung, oft theatralisch durch nicht substanziierte Gefühlsäußerungen versuchte Manipulation der Umgebung nimmt die gesamte geistige Kraft in Anspruch und ein Erkenntnisgewinn ist von ihm nicht zu erwarten, da die ganze Welt nur im Bezug zu und wegen ihm einen Sinn erhält.

Ehe

Sprache decouvriert manches. Im Spanischen ist der Begriff für Ehefrauen und Handschellen (las esposas) identisch, im Russischen bezeichnet ein Wort Ehe und Ausschuss, Fehler (брак). So kann man oft bei sprachlicher Forschung über die Altvorderen lächeln, da man auf vertraute Probleme trifft.

Ehrlichkeit

Schon dem Kind fällt auf, dass, wenn jemand "jetzt mal ehrlich" seiner Rede vorausschickt, regelhaft eine faustdicke Lüge folgt. Parallel verschoben finden wir dieses Phänomen im Alltag oft, wie, es geht doch um den Kunden, den Patienten, die Sache etc. Ganz anders ist die Glaubwürdigkeit, wenn z.B. gesagt wird: "Ich erledige alles sofort, weil ich zur Faulheit neige". Diese einfachen, alltäglichen Beispiele zeigen, dass sich der Begriff ehrlich vom Sprechen zum Handeln gewandelt hat. Er bedeutet heute mehr authentisch als wahr. Nebenbei bemerkt kann hierdurch erfreulicherweise mit dem Begriff der Ehre weniger Schindluder getrieben werden.

Ehrung

Dieser Begriff existiert nur noch in den Randgruppen der Gesellschaft, wie bei Politikern, Wissenschaftlern, Künstlern und Vereinsmitgliedern, nimmt dort aber eine zentrale Stellung ein, ja es drängt sich der Eindruck auf, dass dies sogar die Gruppen zusammenhält, da man auch mal dran kommen möchte. Da man kulturell geprägt über Tote nichts Schlechtes sagt, übt man schon mit steigendem Alter des zu Ehrenden heftiger. Außerdem scheidet er mit zunehmenden Alter als Konkurrent aus und man selbst als Festredner wird Teil des immer größer werdenden Schattens, den der Geehrte im Licht der untergehenden Sonne wirft.

Eigentum

Aus der Sicht des Eigentümers kann sein Eigentum durch Kriminelle und dem Staat verringert werden. Während er sich gegen Kriminelle wehren kann und sie nicht fortwährend tätig sind, kann und darf er sich gegen den Staat, der fortwährend tätig ist, nicht wehren. Der Staat kann ihm nicht nur das Eigentum wegnehmen, sondern er schreibt ihm auch vor, wie das belassene Eigentum zu nutzen ist. Mit zunehmenden Anteil an Weggenommenen, gegen das der Bürger sich nicht schützen kann, und mit zunehmenden Nutzungsvor-schriften, wird der Drang Eigentum zu erwerben geringer.

Eigenverantwortung

Dies ist eine menschliche Eigenschaft, die immer seltener wird. Einer der Gründe besteht darin, dass vom

Staat oder einer übergeordneten Institution, wie der EU immer häufiger Antworten auf Fragen erfolgen, die gar nicht gestellt wurden. Diese treten dann als Gesetze und Verordnungen auf. Damit enthebt sich das Individuum allzu leicht der eigenen Verantwortung, indem es feststellt: "Das ist doch Gesetz!" Der häufige Stoff älterer Literatur von der Kollision des eigenen und des allgemeinen Rechtempfindens tritt nur noch vereinzelt auf.

Einfalt

Die Einfalt ist für den Besitzer eine angenehme Eigenschaft, für die Umgebung ist sie doch meist mühsam. Zum Vorwurf eignet sie sich nicht, da sie unverschuldet ist. Sie erspart dem Eigentümer über andere Ansichten nachzudenken, da er seiner Auffassung ganz gewiß ist. Trifft seine Meinung zufällig zu, so kann er erfolgreich sein, denn sein Verharrungsvermögen ist größer als das der anderen. Daher lohnt es sich ihm mühevoll zu einer anderen Sicht zu verhelfen.

Einsamkeit

Immer mehr Menschen können nicht mehr alleine sein. Sie versuchen durch Veranstaltungen, Computer, Gespräche, ständiger Musik, Sport etc. dies um jeden Preis zu vermeiden. Sie scheinen sich nicht zu mögen, sie scheinen nicht mit sich ins Gespräch kommen zu wollen. Kontemplation, Muße, in sich Ruhen wird nicht angestrebt. So trifft man immer häufiger Personen, die von sich kaum etwas wissen und man fragt sich, warum man sich bemühen sollte, etwas von ihnen wissen zu wollen, wenn nicht einmal sie selbst sich die Mühe machen.

Eitelkeit

Letztendlich ist die Eitelkeit der Tribut eines Schwächlings an die Wertvorstellungen der anderen. In all ihren verschiedenen Ausprägungen – als Gefallsucht, demonstrierter Selbstgefälligkeit, Snobismus, Dünkel, Hoffart, Herablassung, Hochmut – zielt sie doch immer auf einen gewünschten Eindruck beim anderen. Die dem Imponiergehabe immanente Selbstüberschätzung läßt den armen Eitlen nicht die gegen ihn entstehende Feindseligkeit erkennen oder er meint sogar Neid zu entdecken und sieht sich in seinem Verhalten bestätigt.

Eleganz

Die Eleganz stirbt aus. Hierfür gibt es eine Reihe von Gründen. Der wichtigste ist, dass sie nicht allen zugänglich ist, also undemokratisch; auch um Aufmerksamkeit zu erregen, ist heute Lautstärke und Proleten eher geeignet. Sie läßt sich auch nicht wirksam in einen Ratgeber pressen, nicht einmal als Surrogat, wie es bei Glück, Gesundheit, Erziehung und anderen möglich ist. Der Versuch sie zu kaufen, der dazu führt teure Markenkleidung auf unförmige Körper mit schlechten Benehmen zu hängen, wirkt eher komisch und kontraproduktiv.

Elite

Der Elitebegriff ist seit einiger Zeit wieder zugelassen. Da sich – außer in einigen Bereichen des Sports – Leistung nur schwer erfassen läßt, besonders im geistigen Bereich, der Maßstab nach dem die Auserwählten gekürt werden frei wählbar ist, hat sich ein neuer Geschäftsbereich herausgebildet. So wird viel Wohlstandspack vom Elitekindergarten über Eliteschulen an Eliteuniversitäten weitergereicht. Aber nicht überall wo Elite draufsteht ist auch Elite drin. Das was produziert wird, ist ein gemeinsames Bewußtsein, ein gemeinsamer Habitus, der als Abgrenzung dient. So züchtet sich die Machtelite ihren eigenen Nachwuchs, den sie Leistungselite nennt.

Empathie

Manche Leute besitzen kein Einfühlungsvermögen. Sie können die Gedanken, die Gefühle, die Absichten des anderen nicht erkennen. Sie empfinden nur sich selbst, lernen nicht aus der Persönlichkeit eines anderen. Bei einem Teil dieser Menschen ohne Empathie ist es aber keine Absicht, sondern eine Behinderung, deren Wurzel wohl im Mangel an Phantasie liegt. Sie haben dann auch nur einen eingeschränkten Zugang zur Kunst und allgemeiner Kreativität, da auch hier Phantasie für die Deutung der zugrunde liegenden Aussage erforderlich ist. Sie sind in ihrer Welt eingeschlossen.

Empörung

Empörung ist der Ausdruck einer empfundenen Entwürdigung. Der Verletzte versucht über die

Demonstration dieses Gefühls Druck auf den Verursacher auszuüben, indem auch andere ihn ächten. Dies Vorgehen läßt sich immer öfter in Diskussionen beobachten, besonders wenn Argumente fehlen. Es ist daher ein gesuchter und möglicherweise der einzige Weg für Einfältige Würde zu zeigen.

Enthusiasmus

Auch wenn die ursprüngliche Bedeutung - von Gott erfüllt, gottbesessen - einer weltlichen Bedeutung gewichen ist, so bleibt die Ambivalenz zwischen der Begeisterung für eine Sache oder für eine Idee und der damit drohenden Gefahr des Dogmatismus. Die darin enthaltene Leidenschaft, die Inbrunst trägt über Hindernisse hinweg, macht große Leistungen möglich, verhindert aber auch die Wahrnehmung objektiver Tatbestände, die dem Ziel entgegenstehen. Je weniger Ideen ein Mensch hat, desto eher wird er vom Enthusiasmus infiziert.

Entscheidung

Dadurch, dass der Staat und die Gesellschaft dem einzelnen immer mehr Vorschriften macht, den Handlungsspielraum einengt, kann und muß der Mensch immer seltener Entscheidungen treffen. Aber selbst diesen wenigen Entscheidungen steht er zunehmend hilfloser gegenüber und glaubt, sie ohne Berater, Spezialisten und Ratgeberseiten im Internet nicht treffen zu können. Damit ist er schon mit den wenigen Entscheidungen überfordert.

Erbe

Das Erbe ist eines der Beispiele, in denen der Staat die Bevormundung des Einzelnen auf die Spitze treibt: Von dem erworbenen Geld hat er schon Steuern, also seinen Anteil erhalten. Über den Rest kann der Besitzer aber nicht verfügen, sondern es werden Pflichtteile festgelegt, von denen dann nach Möglichkeit erneut Steuern genommen werden. Die individuelle Entscheidung wird durch Reglementierung bis in den Tod und darüber hinaus eingeschränkt.

Erfahrung

Erfahrung ist, wenn die Vergangenheit wiederkehrt. Die Vergangenheit wird aber erlebt und daher ist auch die Rückschau durch die Person höchst subjektiv. Daher wird unser Urteil immer wieder davon getrübt, da das Spektakuläres uns fester im Gedächtnis haftet, als das Übliche. So haben wir überwiegend eine größere Furcht vor einem Flugzeugabsturz als vor dem Herzinfarkt, obwohl die Wahrscheinlichkeit das Gegenteil nahelegt.

Erfolg

Wird über erfolgreiche Menschen gesprochen, so führt dies fast zwangsläufig zur Funktion des gesellschaftlichen Systems. Das dies ungerecht ist, wird vorausgesetzt, ebenso, wie dass es nicht zu ändern sei. Das Untersuchen der Umstände enthebt der eigentlichen Frage: Wie hat er das gemacht? Die eigene Erfolglosigkeit läßt sich so leichter als schicksalhaft ertragen.

Erfüllung

Erfüllung ist zur grenzenlosen Aufgabe geworden und rastlos wird das Suchen, da irgendwo anders mehr Glück vermutet wird. So wird der Partner, der Ort, der Glauben, das Essen oder was auch immer gewechselt, in der Hoffnung auf Erfüllung. Aber ist dies nicht das mittelbare Eingeständnis, dass das eigene Leben fremd bestimmt ist? Ist Erfüllung nicht eher in sich und Kontinuität, als außerhalb der Person und hektischer Veränderung zu vermuten? Voraussetzung für Erfüllung ist eigen Entscheidung und Festlegung des Lebens.

Erkenntnis

Wurde in der Antike nach dem Grund gefragt, also warum etwas passiert, reduzierte sich später die Frage auf welche Art, wie etwas passiert. In den letzten Jahrzehnten wurde auch diese Frage zunehmend als zu anspruchsvoll aufgegeben und vielerorts wird nur noch gefragt, was passiert überhaupt. Und selbst diese Frage wird mit Wahrscheinlichkeiten beantwortet und auf diesen Wahrscheinlichkeiten werden dann kühne Theoriegebäude von monumentaler Größe errichtet. Erkenntnistheoretisch geht es bergab.

Erwachsenwerden

Kinder werden heute wesentlich später erwachsen als früher. Dies liegt auch daran, dass ihnen vieles und besonders Entscheidungen abgenommen werden. Solange ein Kind nicht selbst essen kann, wird es gefüttert, ähnliches gilt für Schnürsenkel binden und vieles andere. Kinder werden aber, je weniger sie sind, desto mehr, nicht eingebunden beim Wäsche waschen, Einkaufen und die meisten anderen Haushaltstätigkeiten. Daher bleiben sie heute so lange im elterlichen Haushalt. Verstärkt wird dieser Trend durch die langen, nicht oder kaum bezahlten Ausbildungszeiten.

Erwartung

Der Egomane lebt nicht so, wie er es will, denn er ist ganz damit beschäftigt, daß die anderen so leben, wie er es erwartet. Er erwartet stets viel und wird daher immer enttäuscht sein. Darin liegt wohl der Grund, warum die Vorfreude auf ein Ereignis meist größer ist, als die Freude am Ereignis selbst, wenn es auftritt, denn ein wenig von dieser Geisteshaltung ist in uns allen. Die Wirklichkeit bleibt hinter dem Erträumten zurück. Daher kommen die größten Freuden stets unerwartet.

Erziehung

Die Erziehung wird in zunehmenden Umfang vom Staat übernommen. Statt Unterordnung und Gehorsam wird der sog. "freie Wille" als Ziel angesehen. Die Folge ist der Primat von Selbstverwirklichung und Wohlfühlen. Es kann bei dem so komfortabel sozialisierten Nachwuchs mit einem reichen Innenleben gerechnet werden, aber auch mit hoher Verletzlichkeit. Der entstehende Menschentyp ist für die sozial schützenden entwickelten Demokratien Europas geeignet, aber sobald er in die andere Welt hinaustritt, ist er gefährdet.

Etatismus

Seit über 120 Jahren wird versucht, durch ein Mehr an Staat gesellschaftliche und wirtschaftliche Probleme zu lösen. Diese zunehmende Zuständigkeit des Staates wird duldsam ertragen, Kompetenzen und Freiheiten werden dafür freiwillig ohne erkennbaren Widerstand aufgegeben, ohne dass ersichtlich wäre, dass der Staat auch nur seine ureigensten Pflichten erfüllt, wie z.B. den Schutz des Individuums und sei es vor dem Staat und seinem totalitären Anspruch.

Etikettenschwindel

Kommt man aufgrund von Überlegung oder auch Empfindung zu einem Urteil dessen man nicht sicher ist, so läßt sich dieses kaum als mit Zweifel behaftet anderen zur Prüfung vorlegen. Fremder Zweifel wirkt auf kaum jemanden spannend; man zweifelt selbst genug, wozu dann noch fremden Zweifel wahrnehmen?
Dies mag eine Ursache sein, warum zweifelhafte Urteile als strahlende Erkenntnis ausgesandt werden, in der Hoffnung, dass der Dumme sie schluckt und der Kluge so gezwungen wird, die These zu prüfen.

EU

Die europäische Gemeinschaft hat über 150.000 Seiten Normen erstellt und 1.400.000 Rechtsnormen insgesamt. Der dahinter stehende bürokratische Geist ist von einem formalen Sendungsbewußtsein getrieben, besser zu wissen, wie ein Leben zu gestalten ist. So wird vom Kondom bis zur Kloschüssel, vom Essen bis zum Tempolimit, vom Rauchen bis zur Bildung alles zentral festgelegt und Europa zu einer großen Besserungsanstalt umgebaut und die Insassen dulden es.

Europa

Europa wird wirtschaftlich und politisch immer unwichtiger in der Welt. Das was es aber auszeichnet ist seine Vielgestaltigkeit der Menschen, der Kulturen und der Verhaltensweisen. Nur die sog. bessere Gesellschaft hat die stets freundliche, wahrheitsfeindliche Fassade aus den USA und das fernasiatische zur Formel erstarrte lächelnde Gesicht importiert. Aber im Gegensatz zu den meisten Asiaten können sie ihr Gesicht nicht verlieren, denn sie haben es schon lange beim Plastischen Chirurgen abgegeben und gegen ein Einheitsgesicht eingetauscht.

Evaluation

Evaluation ist ein Mittel im Kampf um die Deutungshoheit eines Faches geworden und führt zum Uniformismus und Förderungskartellen. Das neue Wort für Vetternwirtschaft ist Vernetzung. So sind Zentren der Exzellens Zentren der gegenseitigen Belobigung, die das eingehende Gold in kleinster Münze vertreiben. Bis nahe an die Inhaltslosigkeit gestückelte Publikationen in gelisteten Zeitschriften lassen sich auch besser erfassen als Gedanken. Exzellent können nur die Menschen sein, nicht die Gebäude, aber das läßt die Egalität nicht zu.

Experte

Experten sind eine schnell wachsende Spezies; es gibt Experten für Terrorismus, für die Börse oder Toiletten. Sie kommen in diesen Status durch fremde oder eigene Ernennung. Sie sind die Propheten der heutigen Zeit, wenn auch nicht von Gott berufen, so sind sie jedenfalls berufen, des Menschen Wunsch die Zukunft zu erkennen, zu erfüllen. Ihre Prognosen werden als Weisung aufgenommen, und so gestalten sie die Zukunft. So fällt es leicht von einer Unmündigkeit in die nächste zu taumeln und die eigen Urteilskraft zu schonen.

Extremata

Wir lernen denken im Widerspruch, denn der ist in der Dialektik, in der Nullhypothese, schlicht im abendländischen Denken zu Hause. Wir widerlegen, indem wir die Dinge auf ihre Maximalposition fortführen. Aber in der Realität sind die Dinge meist nicht schwarz oder weiss, sondern farbig und vielgestaltig. Indem wir sie zergliedern und die Einzelteile auf Extremata bringen gelten wir als geistreich. Bilden wir noch Abstraktionen und ordnen das Ganze, ist der Weg zum Genie nicht mehr weit; aber weit ist der Weg in die Wirklichkeit geworden.

Familie

In dem Maße, in dem in einer Gemeinschaft Einkommen und Vermögen umverteilt werden, verliert die Familie, die Ehe als System einer sozialen Kooperation an Wert. Je uniformierter und staatlich alimentierter die Erziehung wird, desto entbehrlicher werden Eltern, damit auch der Respekt vor ihnen. Großeltern werden in staatlich eingeteilten Pflegestufen in Altersheimen entsorgt. Der Staat ersetzt die Familie, macht sie damit überflüssig, behauptet aber, er würde sie schützen, wie es das Grundgesetz fordert.

Fassade

Bei der Evaluation von irgendetwas wird auf das Formale geachtet, da es den Anschein der Objektivität hat und auch einfach zu erfassen ist. Darauf haben sich die zu Evaluierenden eingestellt. Sie liefern eben nur die Fassade, dahinter ist es leer. Fassadentexte als Forschungsanträge sind eine Anhäufung von sinnentleerten Begriffen, die en vogue je nach Fach sind: sozial, vernetzt, interdisziplinär, nachhaltig, gender etc. Diese neue Form der Lyrik schafft Brot- und Kuchenerwerb für Schreibende und Lesende. Das Brot oder der Kuchen wird aber anderen weggenommen.

Fehlersucher

Früher gab es den Zappelphilipp, heute hätte dasselbe Kind ADHS (Aufmerksamkeitdefizitsyndrom). Mutter und Kind können diese Diagnose wie einen Orden stolz tragen und das Kind wird mit Medikamenten und Fürsorge zugeschüttet. Selbst Rechtschreib- und Rechen-schwäche werden unter dem Signum der Normab-weichung behandelt. Diagnosen im geistigen Leistungsbereich entlasten den Betroffenen und verschaffen dem Fehlerfinder ein gesichertes Auskommen.

Der Phantasie sind keine Grenzen gesetzt; so fand man diese Saison die Prosopagnosie - die Gesichtsblindheit - und es gibt natürlich schon zuverlässige Schätzungen, dass zwei Millionen Deutsche Gesichter nicht richtig erkennen.

Der Mensch diagnostiziert jetzt schon beim Ver-gessen eines Namens oder einer Zahl erschrocken Alzheimer, die Altersdemenz bei sich selbst.

Feierlichkeit

Feierlichkeiten wirken gemeinschaftserhaltend, bzw. - fördernd. Fester Bestandteil sind Rituale, am häufigsten sprachliche. Und gerade in der verwandten Sprache, die Ernsthaftigkeit, Würde, Erhabenheit, das Herausheben aus dem Alltag anstrebt, machen sich immer mehr Absurditäten bemerkbar. Von der klassischen Abfolge – Finden der Argumente, Gliedern und Ausschmücken – ist meist nur der Redeschmuck übrig, der aber nur noch Bijouterie ist. „ich möchte Sie begrüßen" – warum tut er es nicht? „würde sagen" etc. So ist das einzige Ritual oft die Manieriertheit, anstatt mit Kunstfertigkeit, die nicht auffällt, Glaubwürdigkeit zu erlangen. Aber auch ein Nichts in Seidenpapier gehüllt, wird beim Auspacken ersichtlich, aber man kann sich wenigstens am Seidenpapier erfreuen.

Feste

Waren ehemals Feste die rhythmische Unterbrechung des Alltags, meist zu Ehren der Götter, wie Weihnachten mit einer langen Vorfreude auf das ritualisierte aus dem Alltag herausgehoben Sein, so mutiert durch die schnelle andauernde Abfolge der Feste, von Halloween über den Tag des verunglückten Vogels bis zum Feuerwehrfest, das Fest zum Alltäglichen nur unterbrochen von kurzen Zeiten der Beschäftigung. Der zugrunde liegende Gedanke ist sekundär, es wird eine Veranstaltung bei der man anderen beim Bratwurstessen oder ist man besser betucht, beim Champaniertrinken zusieht. Erstaunlicherweise wird dann noch darüber berichtet und noch erstaunlicher, es wird dies sogar gelesen oder zugehört.

Form

Die Form wird immer wichtiger in der Gesellschaft. Einer der Gründe liegt wohl in dem Gefühl einer größeren Transparenz und Gleichberechtigung im politisch - öffentlichen Bereich, einer größeren Effizienz im militärischen, wirtschaftlichen und technischen Bereich. Die mit der Formalisierung verbundene Ritualisierung schafft zudem durch die regulierten, gewohnten Abläufe ein Gefühl der Sicherheit. Da die Form aber an der Oberfläche bleibt, nicht den Kern der Dinge oder Abläufe betrifft, nimmt man Stagnation in Kauf. Dies kommt den schlichten Menschen entgegen, die ihr Leben mit drei Sätzen bestreiten wollen: Das haben wir immer so gemacht; das haben wir noch nie so gemacht; da könnte ja jeder kommen.

Forscher

Vor einigen Jahren wurde der Krebs so erklärt: er würde zufällig bei der Verdoppelung und Teilung der Chromosomen entstehen, obwohl klar war, dass dann Elefanten ständig und Mäuse kaum Krebs bekommen müssten, es sich aber umgekehrt in der Wirklichkeit verhält. Seitdem wird an diesem Modell ständig geändert und im Wochentakt wird die Problemlösung verkündet. Es ist eine Änderung bei den Forschern aufgetreten. Traten sie früher, meist ungern vor die Öffentlichkeit und nur dann wenn sie ihrer Sache sicher waren, gibt es heute so etwas wie eine Ankündigungskultur. Das Hauptaugenmerk scheint darauf zu liegen, öffentlich wahrgenommen zu werden. So gibt es erste Forscher, die häufiger in den Medien als an ihrem Schreibtisch oder Labor zu finden sind: Wissengschaftler und –manager.

Forschung

Die zunehmende Durchorganisation der Gesellschaft macht mit ihren Normierungen auch vor der Forschung nicht Halt. Am Anfang steht die kindliche Frage: Was bringt uns das? Wenn man das vorher wüßte, bräuchte man meist nicht forschen. Diese Frage muß dann mit Fasadentexten beantwortet werden, um Geld und damit die Möglichkeit zur Forschung zu erhalten. Dies unwürdige Vorgehen dokumentiert, dass dem Wissen an sich kein Wert mehr zugemessen wird.

Fraktionvorsitzender

Er ist derjenige, der dafür sorgt, geschützt durch die Geschäftsordnung des Deutschen Bundestages, daß das Grundgesetz regelmäßig gebrochen wird: Er sorgt für den sogenannten Fraktionszwang, der verhindert, daß der Abgeordnete nach seinem Gewissen, das keinen Fraktionszwang kennt, abstimmt. Abweichungen werden mit sozialer Ächtung bis hin zum Verlust von Macht und Ämtern bestraft. Insofern ist die Fraktion Abbild der Gesellschaft: Gemeinwohl geht vor Einzelwohl. Aber man könnte den Bundestag auch auf die Fraktionsvorsitzenden reduzieren.

Frauen

Frauen sind die einzige Mehrheit, die Minderheiten-schutz für sich durchsetzen konnten: Gleichstellungs-gesetze, Frauenförderprogramme, Quotenfestlegung etc. Das, was eine wirkliche Gleichstellung hervorruft, ist aber das Bewusstsein und die Leistung. Inzwischen studieren mehr Frauen als Männer. Muß man da nicht prophylaktisch schon Gleichstellunsgesetze für Männer verabschieden?

Frauenquote

Es gibt zu wenig Professorinnen. Viele fordern eine Frauenquote. Sollte aber nicht erstes Kriterium zur Berufung eines Professors etwas anderes sein? Ist der Formalismus angemessen? Müßte man dann nicht auch nach einer Quote von Menschen unter 1,70 m, Katholiken und Dementen rufen, um den Proporz zu erzielen? Sollte die geringe Anzahl von Frauen in leitenden Positionen in unsachgemäßen Entscheidungen liegen, so müssen diese gesucht und geändert werden und nicht ein unangemessener Unsinn durch einen neuen ersetzt werden. Gerade durch eine Quote erfolgt Diskrimination oder auf Deutsch Unterscheidung, denn es muß stets unterschieden werden: Mann oder Frau?

Freiheit

Es gibt eine Reihe von Freiheiten, z.B. Freiheit zu etwas und Freiheit von etwas. In Demokratien wird immer die Freiheit zu etwas betont, obwohl schon das Wort deutlich macht, dass der einzelne vom Volk beherrscht wird. Für die Freiheit von etwas für den einzelnen müßte Anarchie angestrebt werden; deshalb wird gerade sie in Demokratien so verteufelt, denn die Hierachien, die heiligen Ordnungen, würden einstürzen.

Führen

Manager sind gute Verwalter, sie können organisieren und reparieren. Führer aber sind Ideengeber, Zielsetzer; sie entwerfen Pläne, schaffen oder verändern Strukturen; die Manager sind Umsetzer. In einem Staat sollten Politiker führen und Beamte umsetzen. Aber Politiker verwalten nur noch die Länder. Ideen, Ziele, Vorstellungen von der Zukunft werden nicht mehr geäußert, oder schlimmer, sie werden nicht mehr entwickelt.

Führungsanspruch

Die Spitzen aus Wirtschaft, Politik, Wissenschaft und Kunst treffen sich immer wieder und bestätigen sich gegenseitig ihrer Wichtigkeit, möglichst mit sichergestellter Unterrichtung der Öffentlichkeit, ohne dass sie sich etwas zu sagen hätten. Diese Fassade wird aber auch errichtet, um die Führung zu beanspruchen, da demonstriert ist, dass alle wichtigen Aspekte berücksichtigt wurden. Die Fassade ist billig zu bekommen, da sie nur mit Befriedigung der Eitelkeit und einigen, vergleichsweise kostengünstigen Stiftungen und Preisen bezahlt werden muß.

Fürsorge

Fürsorge kann sozial geboten sein, aber in jedem Fall führt sie in die Unfreiheit, nicht nur weil sie implizit zu einer Abhängigkeit führt, auch wenn sie ohne Gegenleistung erfolgt, sondern auch weil sie zu einem passiven Leben verführt. Denn selbst wenn ein Reicher der dem Menschen eingeborenen Faulheit nachgibt, wird kein gelingendes Leben möglich. Um wieviel erbärmlicher ist es, dies noch auf Kosten anderer zu tun. In Kindheit und Alter ist die Fürsorge notwendig. In der Kindheit wird die Abhängigkeit zur Erziehung genutzt, im Alter häufig zur Gängelung.

Fundamentalismus

Charismatische Glaubensführer sind Egomanen. Sie haben verstanden, zu Ihnen spricht Gott, sie und nur sie kennen daher den Weg. Wären sie von ihren Glauben überzeugt, bräuchten sie keine Gewalt. Gewalt ist stets ein Hinweis von Schwäche. So sind sie in ihrem schwächlichen Ich gefangen und dazu verurteilt, sich an sich selbst zu berauschen. Je mehr sie abgelehnt werden, desto mehr fühlen sie sich in ihrem Märtyrertum bestärkt.

Gebrechen

Menschen sind unterschiedlich. Viele Einschränkungen, teils selbstverschuldet, werden gesellschaftlich mehr oder minder akzeptiert, wie die Fettsucht. Andere Gebrechen werden als Stigma angesehen, wie die Schwerhörigkeit. Die Lebensklugheit gebietet, diese Einschränkungen als Vorteil zu nutzen: Sich nicht durch Geschwätz ablenken lassen. Einige Einschränkungen bieten an sich einen Ausgleich, wie verminderte intellektuelle Fähigkeiten, da sie mit einem unangefochtenen, und daher als sicher empfundenen Standpunkt einhergehen und daher die Beharrlichkeit mit sich bringen.

Gedächnis

Das Gedächnis ist entbehrlich geworden. Man findet alles im Internet. Aber wie jedes Organ, das durch eine Prothese ersetzt wird, stellt auch das Gedächnis seine Funktion ein. Erinnern ist Arbeit, Übung teils mühelos, teils über Assoziationen und Rekonstruktionen. Die Merkfähigkeit ist durch Training zu bessern, ist Teil des

Denkens. Vielleicht liegt hier ein Grund – neben zunehmender Aufmerksamkeit und zunehmenden Alter – für das Ansteigen der Demenz: Das eigene Gedächnis ersäuft im kollektiven Gedächnis.

Gedanken

Die Gedanken sind frei, wird hoffnungsfroh verkündet. Sie sind aber vielfach begrenzt, wie von Verstandeskraft, Lebensgeschichte und vielfach getrieben von Hoffnungen, Ängsten, Wünschen und nicht zuletzt gelenkt von den äußeren Umständen. Es ist die Art von Selbstbetrug, die die mitleidvolle Tigerdame im Zoo mit den Menschen hinter den Gitterstäben hat, wenn sie es aus vollstem Herzen dauert, dass das Gitter den Menschen die Freiheit nimmt. Wieder einer dieser Selbstbetrüge, die die Kreatur vor sich selbst und dem Irrewerden schützt.

Gefühl

Ein emotionsloser Mensch wird als gefühlsarm angesehen. Dies ist in der Mehrzahl der Fälle aber sicherlich schlicht falsch. Die Emotion ist, wie es das Wort sagt, das nach außen getragene Gefühl, oft auch das demonstrierte Gefühl. Mit diesem nach außen demonstrierten Gefühl läßt sich, wie mit Worten auch der Adressat täuschen. Ob ein Gefühl als Emotion auftritt unterliegt der Kontrolle des Intellekts. Damit steht die Emotion zur Disposition. Aber sie wird nicht nur eingesetzt, um z.B. Macht auszuüben, sondern kann auch ein Hinweis auf einen Kontrollverlust sein.

Zeigt ein Mensch keine Emotion, so ist dies nicht notwendigerweise auf eine Gefühlsarmut zurückzuführen, sondern oft ein Hinweis darauf, dass er die Umgebung nicht an seinen Gefühlen Anteil nehmen lassen will oder er seine Gefühle nicht selbst verstärken möchte, um sich ihnen nicht auszuliefern.

Das Verhältnis von Gefühl und Emotion ist kulturell stark geprägt, vergleicht man Italiener, Ostasiaten und Deutsche, aber auch in der Zeit sich ändernd, wie es die Aufklärung und die Romantik, in der man in seinen Gefühlen badete, zeigen.

Geistesschwäche

Streitende setzen häufig ihre Bemühung in moralische Diffamierung und wenn es öffentlich ist in Denunziation. Rhetorik dominiert den Inhalt und die Gesinnung unterdrückt die Urteilskraft.

Ist man unterschiedlicher Ansicht, so bietet sich die Gelegenheit seine eigene Meinung im Streit an der Urteilskraft des anderen zu messen. Ist sie richtig, so geht sie gestärkt aus dem Disput. Ist sie falsch, so kann man sie korrigieren. Ist die entgegnete Sicht richtig, so wird man sie übernehmen; ist auch sie nicht richtig, wird man zu einer dritten, bislang nicht berücksichtigten Meinung finden. Der sachbezogene Streit kennt keinen Verlierer.

So behält denn Tucholsky recht, denn auch sprachliche Gewalt ist eine Kapitulation des Geistes. Daher ist aus der Sicht des geistig Schwächeren sprachliche Aufrüstung Pflicht.

Geisteswissenschaftler

Geisteswissenschaftler sind Menschen, die sich dadurch auszeichnen, dass sie darauf spezialisiert sind, nicht spezialisiert zu sein. Sie werden daher heute kaum zur Kenntnis genommen. Verschlimmernd kommt hinzu, dass durch die bewusste Absenkung der Anforderungen an ein Abitur, besonders durch ein herabgesetztes Verhältnis zum Buchstaben, der Nachwuchs kaum das Handwerkzeug für diesen Beruf, diese Lebenseinstellung, mitbringt.

Gelehrsamkeit

Gelehrsamkeit kann die Vorstufe zur Bildung sein, aber auch ganz einfach beschreiben, daß der Unsinn aus vielen Büchern sich in einem Kopf angesammelt hat. Diese Enzyklopädisten hatten vor dem Internet eine gewisse Bedeutung, auch wenn sie keine eigene Idee jemals in ihrem Kopf geboren hatten. Sie dilettieren heute noch als Herausgeber von Kompendien und führen ein Leben als akademischer Rat, ohne um Rat gefragt zu werden. Sie sind sehr stolz auf ihren Fleiß, erkennen aber nicht, daß Fleiß eine notwendige, aber keine zureichende Voraussetzung für Bildung ist.

Genie

Die Welt ist voller Genies, die aber niemals zum Ausbruch kommen. Es gibt nur noch schwerstbegabte Kinder oder kranke. Normale Kinder treten kaum noch auf. Aber selbst wenn eine überdurchschnittliche Intelligenz vorliegt, so bedarf es noch einiger weiterer Eigenschaften. Nicht die Möglichkeit zu außerordentlichen Leistungen macht das Genie, sondern die tatsächlich erbrachten Leistungen. Diese müssen dann noch beurteilt werden. Da Eltern in ihren Kindern gerne die von ihnen erworbene, bei ihnen aber nicht erkannte Genialität suchen, werden schon in kleinsten Dingen Ausdruck höchster Genialität gesehen. Mit dieser Hypothek müssen Kinder leben.

Gerechtigkeit

Die Gerechtigkeit ist ein merkwürdiger Begriff. Alle beziehen sich darauf, ohne dass einer sagen könnte, was sie nun sei. War sie früher mehr religiös, wird sie heute mehr sozial begründet. Die Gerechtigkeit muß für fast alles herhalten, für den gerechten Lohn, gerechte Behandlung, gerechte Verteilung etc. Hierbei wird sie zur Leerformel. Sie wird als Argument dauernd benutzt, ohne eins zu sein. Für die einen ist es bei der Verteilung gerecht, wenn alle das Gleiche bekommen, für den anderen, wenn ein verdienstliches Mehr berücksichtigt wird. Man lauscht in sich hinein und meint, sie zu vernehmen. Oft hört man etwas ganz anderes, als die formalisierte Justiz spricht.

Geschäftsmodell

Das Leben geht nach dem Tod erst richtig los. Mit diesem gern geglaubten Versprechen läßt sich nicht nur leicht Geld machen, sondern man kann noch weitere

Verhaltensweisen den Gläubigen auferlegen. Eben dieses Prinzip haben sich nicht nur Kirchen zu eigen gemacht, sondern auch eine Reihe von Ideologien, wie z.B. der Sozialismus. Etwas sicherer scheint da noch der Gläubiger zu sein, er bekommt manchmal sogar schon vor dem Tod einen Gewinn.

Geschichte

Die Geschichtsschreiber, die nachträglich erklären, warum sich die Dinge nur so entwickeln konnten, sollen bitte mitteilen, wie sich die Wirtschaft, Politik, Kunst u.v.a. entwickeln werden. Dann würde für jeden ersichtlich, dass Wirtschaft, Politik etc. keine Wissenschaft ist, Wirtschaftsgesetze keine Gesetze sind, Wirtschaftsprognosen in etwa die Sicherheit der Vogelflugschau bieten: gut bezahltes Kaffeesatzlesen mit hoher allgemeiner Aufmerksamkeit.

Geschwätz

Manch einer hält Reden an sich schon für einen Wert. Er glaubt, sein Opfer wäre für seinen Redefluß dankbar und hielte sein Geschwätz für Zuwendung. Da aber meist von sich und seiner Welt berichtet wird, so liegt er falsch, denn hier gleichen sich die meisten: sie interessieren sich vornehmlich für sich. So kann mit Geschwätz nur eines erreicht werden: man berichtet über Dinge, die gegen einen verwandt werden können oder man bekommt den Ruf – häufig getrieben Sensationelles oder zumindest Außergewöhnliches zu erzählen – ein unsicherer Kantonist zu sein; daher wird man dem Geschwätzigen stets nur das anvertrauen, von dem man will, dass es alle erfahren; will man sicher sein, fügt man ein „aber bitte nicht weitersagen" an.

Gesetzgebung

Es wäre gut, wenn die Gesetzgebung durch Gesetznehmung ersetzt wird. Durch Institutionen wie die EU und die Parlamente wird der Bürger als Verfügungsmasse betrachtet, dem man sein Leben keinesfalls überlassen darf, da man meint es besser zu wissen, was für ihn gut ist. So wird die Gesellschaft zur Besserungsanstalt; es wird festgelegt, dass man nicht raucht, was man ißt, kurz wie man zu leben hat. Würde der Bürger zu den einzelnen Vorschriften befragt, so wäre deren Zahl überschaubar.

Gespräch

Führen Egomanen ein Gespräch, so kann man zwei Selbstgespräche beobachten. Während das Eingehen auf das vom anderen Gesagte als höflich gilt, wird hier konsequent monologisiert. Ähnlich ist es auch im Internet, wo sich zur Sprache das Bild gesellt und man mit den Alltagsbanalitäten der anderen überhäuft wird. Der Grund scheint im Exhibitionismus zu liegen, dessen Grund in der Annahme liegt, dass sich der Rest der Welt ebenso brennend für einen interessieren müsse, wie man selbst es tut. Aus diesem selbst gebauten Gefängnis gibt es kein Entkommen, der begrenzte Raum wird zur Gesamtwelt.

Gesundheit

In unserer visionslosen Zeit ist Gesundheit ein Synonym für Moral geworden. Das Heil wird nicht mehr im Jenseits, sondern im Diesseits gesucht. Das Gebet wird durch das tägliche Nordic Walking ersetzt und die Pilgerfahrt durch die Vorsorgekoloskopie. Nicht mehr Vogelflug oder Eingeweideschau sind Grundlagen der Lebensgestaltung sondern die eigenen Laborwerte. Es wird nicht mehr nach dem Sinn des Lebens gesucht; das Leben an sich scheint Sinn genug.

Gewalt

Wenn Krieg die Fortführung der Politik mit anderen Mitteln sei, so ist dies eine Verschleierung, denn Gewalt ist die Kapitulation des Geistes. Wir sehen dies im Alltag, wenn unkontrollierte Menschen merken, dass ihre Position nicht mit Verstand zu vertreten ist, prügeln sie sich. Dies ist ein schönes Beispiel, dass auch auf den so genannten höheren Ebenen Atavismen der primitivsten Art das Verhalten bestimmen.

Gewissen

In unserer Kultur hört man immer öfter den Satz: „Das ist Vorschrift, Gesetz". Hierdurch wird das Gewissen kaum noch benutzt, so daß es mit der Vielzahl der Gesetze zum Verkümmern der Gewissen kommt. Taucht dann aber die Verantwortung für eine Handlungsfolge auf, so sieht sich der einzelne kaum in der Schuld, denn entweder er handelte nach Vorschrift, als Vertreter einer

Organisation, oder die Gesellschaft, die Eltern oder wer auch immer waren schuld. Da dieses Verhalten toleriert wird, gibt es für den einzelnen keinen Grund erwachsen zu werden.

Gewissenhaftigkeit

Das Gewissen wird oft als Vorwand genutzt, um sich einer Diskussion zu entziehen. Das Gewissen kennt den Koalitionszwang aber nur in der Politik. Im Leben ist das Gewissen die Sicht des eigenen Tuns aus der Distanz. So ist ein sogenanntes reines Gewissen oft der Nachweis von dessen Fehlen. Ist die Antwort auf die Frage – Was soll ich tun? – zwiespältig, so stammt zumindest eine Antwort vom Gewissen. Etwas gewissenhaft tun ist etwas ganz anderes, es meint ordentlich im Sinne der allgemeinen Ordnung, nicht gemäß der eigenen, ist so eigentlich das Gegenteil von dem, was es sagt.

Gier

Wenn Wunsch zum Streben führt und das Streben übermächtig wird, entsteht so etwas wie ein Fanatismus des Strebens. Alle anderen Ziele werden untergeordnet, intellektuelle Einsprüche ignoriert oder verspottet, für bedeutungslos erklärt. So wird ein durchaus vernünftiges Streben nach Wohlstand lebensbestimmend und -verstümmelnd. Das dem Menschen inne wohnende "Immer mehr haben wollen", Pleonexia, wie es die Griechen nannten, muß der Mensch domestizieren, sofern er ein selbstbestimmtes Leben führen will.

Gleichheit

Die Gleichheit ist eine große Ungerechtigkeit: Gleiche Ansprüche bei ungleicher Leistung, Leugnung eines verdienstlichen Mehrs, gleiches Essen für den Säugling und den Erwachsenen, Ignorieren der Wirklichkeit, gleicher Lesestoff für den Klugen und den Dummen, Unglück möglicherweise für beide, aber Prinzip der Schule, gleiche Medizin für unterschiedliche Krankheiten? Die Wirklichkeit richtet sich nicht nach der Ideologie. Selbst eine Gleichheit vor dem Gesetz ist ungerecht und daher wird unterschieden mit oder ohne Affekt, das Lebensalter, die Verantwortungsmöglichkeit etc. Und auch die Gleichheit vor Gott ist eine schreckliche Vision, denn sind wir nicht alle recht unterschiedlich und daher unterschiedlich zu beurteilen?

Gleichstellungspolitik

Die Gleichheit vor dem Gesetz wurde in eine Gleichheit durch das Gesetz umgemünzt, eine der Folgen der Gleichstellungspolitik. Das perfideste Instrument der Gleichstellungspolitik ist die Fürsorge. Die Fürsorge wird aus Bequemlichkeit gerne angenommen, da sie von Verantwortung zu entlasten scheint. Aber hiermit wird gleichzeitig die Freiheit eingebüßt, eine freiwillige Rückkehr in die kindliche Unmündigkeit. So kann der Staat am einfachsten mit einer hilflosen und gleichen Masse in eine Erziehungsanstalt umgebaut werden. Die Betreuer sind die wahren Herrscher und auch die Demokratie ändert sich von aktiv in passiv: Von - das Volk herrscht - in - das Volk wird beherrscht.

Glück

Während das äußere Glück überwiegend vom Zufall bestimmt wird, schafft sich jeder Mensch das innere Glück selber. Zwar hat man auf die Lebensumstände einen gewissen Einfluß, kann aber viele äußeren Umstände wie Krieg, Gesellschaft, Naturgewalt nicht substantiell ändern. In ganz anderem Maß kann man aber die eigen Person gestalten, auch wenn es bei den genetisch Glücklichen nicht notwendig ist. So haben viele Glück, ohne glücklich zu sein.

Gott

Es gibt etwas hinter dem Verstehen der Menschen, das Unverständliche, manche nennen es Natur, Schicksal, andere nennen es Gott. Wenn jemand sagt, er glaube nicht an Gott, so lässt sich nur erwidern, dass man nicht einmal das glauben könne.

Grillen

Im Grillen findet sich die Lust an archaischen Atavismen wieder. Das wird auch daran ersichtlich, mit welcher Bedeutsamkeit - natürlich von den Männern - das Wenden des Fleisches - vermeintliches Produkt ihrer Jagd - zum regelmäßigen Verbrennen zelebriert wird, ja zur Kunstform erhoben wird, derweil die Frauen die Früchte des Feldes zubereiten, d.h. Kartoffelsalat zubereiten.

Gruppenzugehörigkeit

Das den Gruppen zugrunde liegende Bindungs- und Kooperationsverhalten führt zu Erfolgen; für völkische oder religiöse Gruppen besteht dieser häufig in Machtgewinn. Andererseits ist damit gleichzeitig der häufigste Anlaß für Gewalt und Konflikt entstanden, da Ausgegrenzte die Vorteile der Gruppenzugehörigkeit nicht hinnehmen und sie auch für sich einfordern.

Gutmensch

Der Gutmensch ist ziemlich genau das Gegenteil des guten Menschen. Bestimmt wird sein Leben von der Sucht nach Anerkennung durch andere als guter Mensch. Damit delegiert er die Urteilskraft und er liefert sich den gängigen, derzeitigen Moralvorstellungen als seine Handlungsmaximen aus. Tragischerweise verliert er aber eben hierdurch das Interesse der eigenständigen Menschen, da seine Standpunkte vorhersehbar sind, ein Diskurs mit ihm nicht geführt werden kann und er findet sich über kurz oder lang in einer Gemeinschaft mit anderen Gutmenschen wieder. So entstehen Parallelgesellschaften und das demokratische Prinzip läßt zu, dass festgelegt wird, was wann wie gesagt werden darf. Wahrlich, eine schlimme Form der Diktatur.

Gutmenschengefühl

Gutmenschen verlauten stets was moralisch geboten sei; sie bewegen sich zwischen moralischem Sollen und

Wollen. Für eine moralische Handlung ist aber auch das Können entscheidend: So wird der Mitfühlende einen Arzt auffordern, dem Leidenden zu helfen; wenn aber der Arzt es aufgrund der Art der Erkrankung oder fehlender Möglichkeit nicht kann, so wird er dies als unmoralisch empfinden. Durch seine mangelnde Einsichtsfähigkeit sieht er sich bestätigt, der einzig moralische Gute zu sein.

Haben

Viele Menschen beziehen ihr Selbstwertgefühl aus dem, was sie haben, nicht aus dem was sie sind. Sie haben ein Haus, ein Auto, eine Familie. Das Haben ist aber unsicher, kann verloren gehen, weggenommen werden, wo hingegen das Sein nur beendet werden kann. So leben sie denn in ständiger Sorge um ihre Habe und vernachlässigen darüber ihr Sein. Ist ihr Leben gelungen, so erkennt man es an einem prächtigen Grabstein. Der sich aber dem Sein zugeneigt hat, lebt in den Gedanken der Hinterbliebenen weiter.

Handlung

Handeln wird gemeinhin mit Tun gleichgesetzt. Aber auch ein absichtliches Unterlassen, also ein Nichtstun ist Handeln. So scheint die Absicht, das Wollen entscheidend für das Handeln zu sein. Handeln ist das absichtliche Gestalten der Wirklichkeit. Deshalb sind viele Tätige keine Handelnden, da die Absicht oder vermutete Absicht in einer weiteren Person entstand.

Handlungsfreiheit

Heute hat der Mensch aufgrund erweiterter sozialer, technischer Möglichkeiten größte Handlungsfreiheit. Aber es erhebt sich die Frage wozu, da er bei der Willensfreiheit nicht recht voran gekommen ist, so dass sich sagen läßt: Er könnte schon, wenn er sich nur selbst trauen würde, aber das gelingt nur wenigen. Der Wille unterwirft sich gewohnheitsmäßig Konvention, Sucht nach Applaus, Ruhm, Ehre, Geld etc. So entzieht man sich durch anonyme Fremdbestimmung teilweise und leicht der Verantwortung.

Harmoniebedürfnis

Ein wesentliches Merkmal menschlichen Denkens ist, dass Erkenntnisgewinn aus Widersprüchen entsteht. Nichts anderes ist die Dialektik, die Nullhypothese. Beobachten ist oft die Vorbedingung, aber zum Denken wird es erst, wenn andere Möglichkeiten gedacht werden und abgewogen wird. Dagegen steht das gesellschaftlich angestrebte Harmoniebedürfnis, welches Widerspruch als unschicklich ansieht, als Störung. Und selbst auf Kongressen erlahmt der Widerspruch; die Diskussion reduziert sich auf „Ich auch" – Beiträge: „Vielen Dank für Ihren wunderbaren Vortrag, auch wir haben…" Dies ist einer der Hemmschuhe des Fortschritts.

Heilkunst

Die Heilkunst führt zum Gegenteil vom Heil. Denn je erfolgreicher sie ist, desto mehr Kranke gibt es. Dieses scheinbare Paradoxon entsteht, da in der Menge gesehen zum einen Kranke leben, die ohne sie gestorben wären, wie z.B. bei der Dialyse, zum anderen können viele durch Heilung von den meisten Infektionskrankheiten im höheren Alter einen Krebs bekommen und überstehen sie auch diesen wartet die Altersdemenz. Daher gibt es in einer Gesellschaft, je höher die Heilkunst entwickelt ist, desto mehr Kranke; so wird der Prozentsatz an Kranken das Maß für den Erfolg der Heilkunst.

Heimat

Der Begriff der Heimat wandelt sich. Früher war es die vertraute Umgebung, die Landschaft, die Kirche, heute ist es durch die vermehrte Mobilität eher eine Gemeinschaft, gleich welcher Art. Damit trifft heute wie früher zu, dass Heimat dort ist, wo man sich nicht erklären muß. Wahrscheinlich ist dies auf die Urzeiten der Menschen zurückzuführen, wo Gemeinschaften mit 30 - 60 Menschen überschaubar waren und man dem anderen nichts vormachen konnte und daher auch nicht mußte.

Helden

Wenn man nahezu unverletzlich, wie Achill oder Siegfried ist, bedarf es keinen besonderen Mutes ein Wagnis einzugehen. Auch wenn man einen kunstvollen Knoten an dessen Aufknüpfen viele gescheitert sind, mit einem Streich seines Schwertes zerstört, wie Alexander, er wird auch deshalb der Große genannt, verdient nicht die Bewunderung eines Heldens, vielmehr fühlt man sich an Tucholsky erinnert, der darauf hinwies, dass Gewalt die Kapitulation des Geistes sei. Zieht man noch all die ab, die in einer Situation waren, in der keine sinnvolle Alternative existierte und die, die ein Wagnis aufgrund mangelnder Phantasie eingegangen sind, so wird es recht einsam in Walhalla.

Hirn

Entgegen der weit verbreiteten Meinung nutzt sich das Hirn nicht ab. Da ein Übungseffekt nicht so schön zu sehen ist, wie bei den Muskeln, widmet man sich lieber deren Übung, denkt sich das Hirn. Auch hier wird deutlich, dass die Selbsterkenntnis schwerer ist, als das Erkennen anderer.

Historie

Die Geschichte in ihrer Vielfältigkeit kann fast alles rechtfertigen. Für nahezu alles läßt sich ein historisches Beispiel finden. Daher ist sie nur sehr bedingt geeignet, für die Zukunft aus ihr zu lernen. Begründungen für ein Handeln liefert sie niemals, denn von der unüberschaubaren Vielfalt von einflußnehmenden Variablen waren stets einige anders. Daher ist einer historischen Argumentation stets zu mißtrauen.

Hochmut

Nur bei einem mit viel Platz in seinem Kopf, da nicht viel drin ist, kann der Hochmut zu Kopfe steigen. Dann glaubt er schon bedeutend zu sein und wird daher niemals bedeutend werden. Er wird seine Fähigkeiten und Möglichkeiten nicht mehr nutzen, denn er wähnt sich bereits am Ziel. Der Kopf ist rund, damit sich dieser Gedanke im Kreis bewegen kann.

Hochschule

Das Wort Schule leitet sich aus dem Altgriechisch ab und meint in erster Linie Muße. Und Muße, Freiraum ist zum kritischen, zum urteilenden Denken notwendige Voraussetzung. Eben diese wird den Studierenden, aber auch den Wissenschaftlern an deutschen Hochschulen genommen durch Verknappung der Mittel und der Zeit, indem bevormundende Reglementierungen erlassen werden, die zeitraubende Formalien, wie Anwesenheit und entbehrliche Prüfungen vorschreiben. So wird denn auch mehr das Wissen geprüft und nicht die Befähigung mit dem Wissen umzugehen.

Höflichkeit

Höflichkeit, vom Wort "höfisch" abgeleitet, bezieht sich zunächst auf das Einhalten gesellschaftlicher Normen. Dies sittliche Verhalten bändigt schon die Grobheit. Zur Tugend wird sie aber erst, wenn sie von Rücksicht und Respekt dem anderen gegenüber getragen wird. Der Anstand, dessen Zweck es ist, die individuelle Willkür zu zügeln, erfordert auch bei großem Wohlwollen eine respektvolle Distanz.

Hunger

Die Ackerbauflächen sind begrenzt, sofern man nicht den letzten Urwald opfern will. Selbst die Meere sind bewirtschaftet. Nun klagen die Gutmenschen, daß die Spekulanten die Lebensmittelpreise treiben. Dies können sie aber nur, weil Lebensmittel knapp werden, da auf den Äckern Energie und Kleider angepflanzt werden. Dieselben Gutmenschen retten das Klima, indem sie das Essen der Armen verheizen, verfahren und sich aufwändig kleiden. Die Moral der Starken endet vor der eigenen Haustür und außerhalb wird eine heuchlerische Fassadendiskussion als Abwehr geführt. Die besten Heuchler werden durch einen Platz in einer Ethikkommision geehrt.

Hysterie

Menschen dramatisieren die eigene Person, demonstrieren stark übertriebene Gefühle, gleichsam Schauspieler auf der Bühne des Lebens, kämpfen darum im Mittelpunkt zu stehen, kokettieren, kaum kritikfähig, taub für die Emotionen der anderen, kurz: die Hysterischen. Hystera heißt griechisch die Gebärmutter, Hysterie ist und war daher weiblich. Daher gibt es die Diagnose, weil politisch nicht gewollt, nicht mehr, ist nicht mehr zugelassen. Aber die Betroffenen bleiben und laufen wie stets mit zunehmender Beachtung zur Höchstform auf, auch wenn die offizielle medizinische Bezeichnung "dissoziative Störung" oder "histrionische Störung" lautet. Man wird sich auch hieran gewöhnen

Ideologie

Zwischen verschiedenen Ideologien oder Glauben kann es keinen inhaltlich sinnvollen Dialog geben, damit keinen Kompromiss, da die Voraussetzungen nicht zur Disposition stehen. Das höchste Ziel kann daher nur sein, den anderen zu ertragen. Sie sind so felsenfest von den Grundannahmen überzeugt, dass selbst wenn Tatsachen offensichtlich dagegen sprechen, sie alle ihre Geisteskraft aufwenden, um zu erklären, warum die Tatsachen falsch gesehen werden. Damit gibt eine Ideologie Halt und schützt davor, weiterdenken zu müssen.

Infantilisierung

Der Mensch kommt bereits mit Bedürfnissen zur Welt. Kinder haben noch kein Verhältnis zur Zeit. Daher wollen sie ihre Bedürfnisse gleich befriedigt haben. Erst mit zunehmenden Alter lernen sie, Bedürfnisse für ein höheres Ziel zu unterdrücken. In unserer Gesellschaft scheint es keine höheren Ziele mehr zu geben, denn die Menschen taumeln von einer sofortigen Triebbefriedigung in die nächste. Dies läßt sich leicht an der Zunahme der Fettleibigen beobachten.

Intellektuelle

Sie lassen sich einteilen als Assistenten und Dissidenten einer Idee oder auch des Staates. Um des Anscheins willen, sie wären verständig, haben sie ein ausgeklügeltes System an Deviationen (scheinlogische

Erklärung) entwickelt. Verspricht man ihnen Teilhabe an der Macht, lassen sich beide Arten benutzen. Manchmal aber reicht auch die geäußerte Bewunderung für die Schärfe ihres Verstandes und die Eitelkeit treibt sie zur Höchstleistung an. Sind aber für den Alltag meist nicht gerüstet, da die Fähigkeit zum Eingehen eines Kompromisses verkümmert ist.

Interpretation

Zwar gibt es die Hermeneutik, die Theorie der Auslegung und des Verstehens, aber sie ist eine Mischung aus Exegese, Mythologie und Psychologie, so wie der Götterbote Hermes eben beschrieben wird, als schmelischer Tunichgut. Damit ist das Ergebnis stets unsicher, sagt mehr über den Interpreten als über das Interpretierte aus. So kann einem geistlosen Werk von einem geistvollen Interpreten Geist eingehaucht werden. Und hilft alles nichts, so kann man dem Text durch die Behauptung von Allegorien und Metaphern seinen Willen aufzwingen.

Ironie

Ironie findet man bei Menschen, die eine hohe Moral haben, mit der ein Leben nicht immer leicht ist. Sie ist in diesen Fällen lediglich das Mittel, um die wehleidige Kluft zwischen Wirklichkeit und Anspruch zu überbrücken, ohne verrückt zu werden. Da Verrücktsein für eine Gemeinschaft deutlich belastender ist, als Ironie, ist sie auch für jedes Mitglied besser, auch wenn es gelegentlich oberflächliche Verletzungen gibt. Denn die

Ironie zeigt nur das Vergehen, der Zynismus verhängt die Todesstrafe.

Irrationalität

Gegen Irrationalität ist die Rationalität im Gespräch stets unterlegen, denn belegte Prämissen werden nicht einmal ignoriert oder die Rationalität läßt sich auf das Niveau der Irrationalität herabziehen und wird dort mit Erfahrung und Beharrlichkeit geschlagen. Daher sollte man mit Idioten nicht diskuttieren, denn sie werden in ihrer Meinung bestärkt.

Irrtum

Der Irrtum setzt im Gegensatz zum einfachen Fehler Bewußtsein voraus und gerade hierin liegt das Problem: Im menschlichen Denken läßt sich das Wollen, Hoffen, der gefühlsgeleitete Teil der Person nicht gänzlich unterdrücken und der steht einer vorurteilsfreien Beurteilung eines Problems häufig entgegen. Deshalb kann man einem von seiner Sache überzeugten, begeisterten Menschen weniger trauen, denn wenn man einen neuen Hammer hat, sieht allzu leicht jedes Problem wie ein Nagel aus.

Jammern

Jammern, Nörgeln ist eine aus der Kindheit von einigen ins Erwachsenenalter hinübergerettete Eigenschaft, die dem kleinen Kind, das nur beschränkte Möglichkeiten hat Aufmerksamkeit zu erhalten, es leicht macht in den

Mittelpunkt zu kommen. Hat es Erfolg, wird es oft kaum verändert beibehalten. Das starke Kind kann bald alles allein, das schwache, hilflose erhält Hilfe. Damit wird eine Hilflosigkeit erlernt und Verantwortung delegiert. Kommt nach Jammern ein Erfolg zustande, wird er doppelt, weil nicht erwartet, anerkannt.

Journalisten

Ähnlich wie die Richter glauben die Journalisten über alles urteilen zu müssen. Und ähnlich wie die Richter sind sie dazu befugt, aber nicht immer befähigt. Bei Sachverhalten, die das allgemeine Leben betreffen, werden sie, ein heller Geist vorausgesetzt, auch zu vernünftigen Urteilen kommen. Aber spätestens wenn der Sachverhalt speziell und unübersichtlich wird, werden sie zum Spielball der dort Streitenden. Dies sich selbst und erst recht den anderen einzugestehen, fehlt meist die Größe.

Kapitulation

Wird es in einer Diskussion über ein Sachthema persönlich, ist dies die Kapitulation, da man in der Sache nichts mehr zu erwidern weiß, wird die Auseinandersetzung körperlich, ist es die Kapitulation des Geistes. Der Krieg ist eben nicht die Fortsetzung der Diplomatie mit anderen Waffen, sondern eigentlich die Kapitulation der Demokratie. Ähnliches läßt sich auch in der Wissenschaft feststellen und wird dort häufig Paradigmenwechsel genannt. Gleichwohl möchte man für die Kapitulation noch Anerkennung einheimsen.

Karriere

Es gibt drei Wege Karriere zu machen, der schönste und angenehmste ist der unverdiente Glücksfall, der zweite ist, man behauptet etwas zu leisten und der dritte ist, man leistet tatsächlich etwas. Der dritte Weg klingt anstrengend, ist er aber nicht, denn man muß sich kaum gegen Konkurrenz durchsetzen. Die Kombination aus zweiten und dritten Weg ist unmöglich, denn der hervorgerufene Neid macht eine Karriere unmöglich.

Katastrophe

Jeder Katastrophe liegt ein Anfang inne. In aller Traurigkeit kann die Möglichkeit trösten, völlig neu zu gestalten, nicht nur zu ändern. Vor dem Nichts stehend ist die Entscheidungsfreiheit nahezu grenzenlos. Will man nicht nur das Alte wiederherstellen, so kann es sogar der Aufbruch in ein weiteres, selbstbestimmtes Leben sein. Die Natur hindert nicht, denn in Krisen sind Depressionen seltener, auch wenn sie uns verständlicher erschienen.

Kenntnisse erkennen

Gelehrsamkeit setzt sich aus einer Unzahl von Kenntnissen zusammen. Kenntnisse werden übernommen, aufgenommen. Dies ist die Folge eines ausgeprägten Fleißes.
Erkenntnisse gehen tiefer, sie beinhalten auch die Prüfung und werden Teil der aufnehmenden Person. Durch viele solche Aufnahmen kann Weisheit entstehen.

Über diesen entscheidenden Unterschied kann auch eine immer wissenschaftlichere Sprache nicht hinwegtäuschen.

Kind

Solange Kinder als Schadensfall oder Kostenproblem gesehen werden, bestenfalls noch unter dem Gesichtspunkt der zukünftigen Nützlichkeit, solange kann man nicht wirklich traurig über die niedrige Geburtenrate sein. Der Staat greift immer früher und umfassender auf die Kinder zu, um gute Steuerzahler zu formen, ähnlich, wie die Spartaner die kleinen Jungen unter staatlicher Obhut nahmen, um gute Krieger zu erhalten und die Eltern wehren sich nicht, um ein Zusatzeinkommen sich zu ermöglichen. Aber selbst nur finanziell betrachtet ist es ungerecht: Die finanzielle Aufzuchtleistung tragen überwiegend die Eltern, während der Ertrag aus den Kindern sozialisiert wird, indem Steuern, Rentenzahlungen etc. an alle verteilt werden. Schade, daß der Staat Kinder noch nicht maschinell herstellen kann.

Kindesmißbrauch

Das Wort macht die dahinter stehende Denkweise deutlich. Wie soll ein Kind gebraucht werden? Gibt es bald eine moralisch - juristische Gebrauchsanleitung? Die Behandlung eines Kindes ist stets kulturabhängig. Es gab eine Zeit, da war in Griechenland die Knabenliebe normal, sogar Teil der Erziehung. Es gab Zeiten, da wurde das Kind als Arbeitskraft gesehen, wie es noch in Teilen der Welt üblich ist. Aktuell wird es oft zur Selbstverwirklichung genutzt und als Investition betrachtet.

Kirchen

Sind sehr zahlreiche über das ganze Land verteilte Gebäude, die einmal in der Woche von wenigen Menschen für eine Stunde benutzt werden, dafür immer instand gehalten und beheizt werden. Der Nutzungsgrad liegt also deutlich unter einem Prozent; rechnet man die Plätze dazu, liegt er unter einem Promille. Den Besuchern wird dann Geld abgenommen, genannt Spende, weil es anderen Menschen schlecht geht.

Kleinbürger

Marx hatte doch unrecht: nicht das Proletariat übt Diktatur aus, sondern das Kleinbürgertum, das nichts so sehr fürchtet, wie das Absinken in die untersten Gesellschaftsschichten. Nicht weil es die größte Schicht ist, sondern, weil in der sogenannten Demokratie gilt, dass diejenigen herrschen, deren Produkt aus Masse und Lautstärke am größten ist. Die darunter liegenden Schichten haben resigniert und sich in ihrem Status eingerichtet, die darüber liegenden sind zu wenig.

Klientel

Klientel ist ein negativ belegter Ausdruck, der zum Ausdruck bringt, dass die höheren Instanzen die nachgeordneten bevorzugen und dafür Unterstützung einfordern. Das Prinzip ist von der Mafia bekannt. Geht es um politisch opportune Gruppen - Umweltschützer, Klimaretter, irgendetwas mit sozial - wird dieser Ausdruck nicht gebraucht, geht es aber um aktuelle personae non gratae, wie Banker, Manager o.ä., wird er benutzt. Obwohl die Grundlage der Demokratie Klientelpolitik ist - von den Parteien wird erwartet, dass sie die Wünsche ihrer Wähler umsetzen und diese dafür die Partei wieder wählen -, also etwas durchaus Legitimes, wird der Ausdruck "Klientel" als Ersatz eines Argumentes verwendet.

Knigge

Das hat der Freiherr Knigge, der vor knapp zweieinhalb Jahrhunderten sein Buch „Über den Umgang mit den Menschen" schrieb, wirklich nicht verdient, daß heute unter seinem Namen nur noch Anstandsfibeln verstanden werden, die formalistisch erklären, wie mit Messer, Gabel und Löffel zu essen ist und die Illusion guten Benehmens mit dem Gebrauch der Hummerzange gleichsetzen. Selbst die moderne Bezeichnung Karriereratgeber würde nur einen Aspekt würdigen. Er entwirft vielmehr eine Lehre der Pflichten, die man anderen Menschen schuldig ist, aber auch einfordern kann; er müßte als Vater und Gründer der Soziologie und Sozialpsychologie gepriesen werden

Kollateralschaden

Im Wesen der Demokratie liegt es, dass jeder über alles mitbestimmen kann. Deshalb glaubt jeder, über alles eine Meinung haben zu sollen und über alles mitreden zu müssen. Dies ist wohl der größte Kollateralschaden der Demokratie, den man aber wohl hinnehmen muß, so lange keine bessere Organisationsform für Gesellschaften gefunden wurde.

Kommunikation

Noch nie war Kommunikation so leicht wie heute. Wir kommunizieren dauernd. Da wir aber dadurch nicht besser denken, werden immer weniger Inhalte transportiert. Da gibt es schon eine Heerschar von Leuten, die sich über die Banalitäten des Alltags austauschen, aber sich über den Nachbarschaftstratsch weit erhaben fühlen, weil sie es nicht einem sondern 50 "Freunden" mitteilen. Man ist mitten im Leben, aber man kommt ihm nicht näher.

Kompetenz

Da es üblich ist, besonders im politischen Bereich, über alles mitzureden, zu allem eine Meinung zu äußern, aber keiner auf allen Gebieten kundig sein kann, geschweige denn bei der Vielzahl von verlautbarten Meinungen diese mit Argumenten stützen kann, hat sich eine neue Eigenschaft für den Erfolg herausgebildet. Diese Inkompetenzkompensationskompetenz zielt darauf ab, zu bluffen. Einige Fachtermini in formal logischer Struktur eingemauert reichen hierfür aus.

Kompilation

Die Plünderung fremder Gedanken und das Zusammenfassen derselben gilt manch einem schon als geistige Leistung, auch wenn die Gedanken nicht durch sein Hirn, sondern an ihm vorbei in ein neues Buch fließen. Auch Kompendien entstehen gleichwohl ohne wesentliche Nutzung des Hirns. Aber dennoch sind diese Zusammentragungen verdienstvoll, denn sie bewahren und verbreiten oft schwer Zugängliches und Wertvolles. Dafür wollen wir die Verfasser loben, nicht für ihren Geist.

Kompromiss

Im Wesen der Demokratie nimmt der Kompromiss eine zentrale Stellung ein. Um aber einen Kompromiss zu finden, der ein Großteil der Betroffenen mit einbezieht, ist zunächst der Austausch der kontroversen Standpunkte im Sinne einer Dialektik erforderlich. Dieser Diskurs wird aber geführt zwischen Harmoniebedürfnis, politischer Korrektheit und Rücksicht auf Wählergruppen, findet also in kaum noch wahrnehmbarer Klarheit der Positionen statt. Damit sehen sich ein Großteil der Bürger in diesen Kompromissen nicht vertreten, obwohl sie es dennoch gelegentlich sind.

Konformität

Der Konformitätsdruck in unserer Gesellschaft ist hoch, sei es aus innerem Bedürfnis nach Zugehörigkeit, sei es aufgrund äußerem Druckes zum Erhalt einer Gemeinschaft. Dies steht in erheblichem Maß im Gegensatz zum Ideal der Individualität. So erhalten sich viele mit einem uniformierten Nonkonformismus die Illusion von Individualität und Persönlichkeit.

Konsens

Was brauch ich die Wahrheit, ich habe doch eine Meinung. Der Konsens als gemeinsamer Glauben einer Gruppe ersetzt das Suchen nach Wahrheit. Dieses Verhalten hat sich sogar in der Wissenschaft durch-gesetzt, wo in Konsensuskonferenzen viel Geld ver-nichtet wird. Als ob die Wahrheit demokratiefähig wäre. Dieses Surrogat verhindert durch die Macht der dahinter stehenden Gemeinschaft eine andere Meinung auf diesem Gebiet. Die Sachlage gilt damit als geklärt, eine gegenteilige Sicht wird nicht vorgetragen, so dass der Anschein entsteht, der Konsens wäre zutreffend. So bleibt er gültig.

Konservatismus

Das Bewahren von Lebensformen trägt man diese Saison nicht mehr. Immer wieder gibt es Epochen, in denen der Glaube gepflegt wird, alles andere als das Bestehende sei besser. Dies sind meist Zeiten, in denen es dem Menschen gut geht. Diesen Luxux kann er sich auch nur in guten Zeiten leisten. In den schlechteren Zeiten muß erst der Nachweis geliefert werden, daß das Neue einen Vorteil bietet. Dabei wird dann häufig entdeckt, daß man auch nicht klüger ist als die Altvordern.

Konstruktivismus

Der ursprüngliche Konstruktivismus – alles ist relativ, die Relation bin ich – wurde in einen sozialen Konstruktivismus überführt – der Bezug sind wir. Er ist der Grundstein für den Umbau der Gesellschaften zu Erziehungsanstalten. –Wir wissen, was für den einzelnen gut und richtig ist. Der entstehende soziale Totalitarismus richtet sich gegen die Individualität und Anpassung wird zur obersten Tugend. Wie in totalitären Staaten, in denen nur das Reisen innerhalb der Grenzen erlaubt ist, die Größe des Landes gelobt wird, werden in den Erziehungsanstalten die Gedanken eingemauert und nicht wenige loben die Ordnung und Übersichtlichkeit. Es ist Zeit für den Destruktivismus.

Kranker

Die l´art - pour - l´art - Medizin macht den Kranken zum Fall, zum Material ihrer, zum anonymen Schauplatz des Krankheitsverlaufes. Das ruft beim Patienten das Gefühl hervor, lästige Nebenerscheinung seiner Erkrankung zu sein, an deren Heilung er sich unbeteiligt fühlt. Unproduktiv für das Verstehen und das Überwinden der Krankheit.

Krawallwissenschaftler

Es lassen sich zunehmend Wissenschaftler in den Medien beobachten, die ihre Stimme deutlich über ihren Horizont erheben. Sie verlautbaren aber lediglich eine Meinung, im günstigen Fall ihre eigene, die aber gleich wichtig ist, wie die von Lieschen Müller. Dies wird kaschiert durch die Autorität ihrer Position und die Wortwahl, ggf. wird noch allgemein auf die Studienlage verwiesen. Die Kompetenz ihres Arbeitfeldes wird auf jedes beliebige andere Gebiet mühelos, da nur scheinbar transferiert und so gibt es Universalspezialisten, die für jede Talkrunde einsetzbar sind, während die mühsam erworbene Kompetenz in den Schubladen ihrer Schreibtische verdörrt.

Kriminalität

In den meisten Fällen ist Kriminalität, insbesondere die Kleinkriminalität schlicht der Nachweis einer geistigen Invalidität, denn es müßte vor Begehen einer Straftat eine Risiko - Nutzen - Abwägung stattfinden. In den meisten Fällen steht aber das Risiko von Aufdecken und Bestrafen einer Straftat in keinem angemessenen Verhältnis zu im günstigen Fall erzielbaren Nutzen. Dies ist wieder ein Fall, daß praktische Vernunft deckungsgleich mit der Moral ist.

Krüppel

Das Wort Krüppel ist mittlerweile verpönt. Man muß Mensch mit Behinderung sagen, denn selbst Behinderter hat den Geruch, dass man die Person auf ihre Behinderung reduziert. Lauscht man in sich hinein, so merkt man, dass man mit einem Krüppel viel mehr Mitleid empfindet, als mit einem "Menschen mit Behinderung". Bei Letzterem weht einen der Geruch der Verwaltung an und das Gefühl schwindet.

Kultur

Kultur ist zu großen Teilen domestizierte Kunst. Die anarchische Kunst wird geordnet. Die Macht hierfür erwächst teils aus der Menge der Rezipienten, teils aus der Förderung und dem damit steuernd eingesetzten Geld. Damit werden z.b. Symbole und Sprachbilder Amerikas ordnende Kraft. Länder wie Frankreich oder Deutschland haben aus historischen Wurzeln einen schwindenden Anteil, kleine Länder, kleine Kulturkreise werden nur noch, auch um das Gegenteil zu beweisen, mit gelegentlichen Preisen ausgezeichnet, versinken aber in einer Bedeutungs- und Sprachlosigkeit.

Kultureigentum

Immer mehr Staaten fordern Kulturgüter von anderen Staaten, Personen oder Vereinen als Nationaleigentum "zurück". Die meisten Kulturgüter wurden aber für Auftraggeber, Kirchen, Herrscher geschaffen. War Karl der Große Franzose oder Deutscher, Karl IV. Deutscher oder Tscheche, Karl VI. Österreicher oder Deutscher? Oder ist der Künstler entscheidend? Dann müßten wir viele Kirchen und Paläste nach Italien bringen.

Kunde

Der Kunde ist König. Stimmt natürlich nicht, aber er soll die Illusion haben, da er sie möchte. Tatsache ist, dass er als kostenloser Arbeiter auch noch zahlt. Im Hotel holt er sich sein Frühstück selbst, er tankt selbst und trägt sein Geld zum Besitzer und weil dem das Herausgeben des Wechselgeldes zu viel Mühe macht, soll er mit Karte bezahlen, die er braucht, um bei der Bank von einem Automaten Geld zu bekommen, im Laden sucht er sich seine Sachen zusammen und stellt sich geduldig in eine Schlange, um zahlen zu dürfen, etc. Kurz, er benimmt sich königlich.

Kunst

Sich mitzuteilen ist Impetus der Kunst. Wo die normale Sprache endet, beginnt sie. Vorteil von darstellender und klingender Kunst ist, dass sie Menschen ohne gleiche Sprache zu berühren vermag. Zentral ist die Emotion, also das nach außen transferrierte Gefühl, das auch in einem anderen etwas auslösen kann, eine Möglichkeit der Verbindung von Menschen ohne die Barrieren von Sozialisation, Kultur oder Status.

Langeweile

Ist Einsamkeit zunächst nur eine Zustandsbeschreibung ohne Wertung, so hat sie zunehmend einen negativen Kontext erhalten, da der Mensch mit sich alleine, sich nichts mehr zu sagen weiß. Daher ist für viele Einsamkeit ein Synonym für Langeweile geworden, was aber mehr über die jeweilige Person, als über die Situation aussagt.

Lebensabend

Früher bestimmte der Kalender das Leben, heute ist es die Uhr. Egal ob man das Leben mit dem Jahr oder dem Tag vergleicht, so war der Abend oder der Herbst die Zeit, in der man sich zurücklehnte und die Ernte seines

Lebens genoß. Das Jetzt läßt aber nur die Gegenwart, bestenfalls noch die Zukunft gelten. So werden die Alten ihrer Verdienste beraubt, zur bloßen Last. Das Schlimme daran ist, dass die Alten das auch glauben und sich ohne Gegenwehr berauben lassen.

Lebenserfahrung

Erst müssen die jungen Leute mit 17 Jahren ihr Abitur machen, ihr Studium mit 21 abschließen und dann wirft man ihnen bei der Bewerbung vor, daß sie keine Lebenserfahrung hätten. Dabei wird übersehen, daß Erfahrung zur Gewohnheit geronnene Dummheit sein kann. Auf alle Fälle droht von ihnen nicht der Satz: Das haben wir immer schon so gemacht, der Lieblingssatz der Erfahrenen. Man kann von ihnen neue Fehler, aber auch neue Lösungen erwarten.

Lebenserwartung

In den westlichen Gesellschaften wird behauptet, dass der Unterschied in der Lebenserwartung von Mann und Frau in dem verschiedenen Risikoverhalten begründet liegt, Alkohol, Nikotin, Verkehrsunfälle etc. und nicht im Geschlecht. In anderen Gesellschaften, wie in Indien sieht man die niedrigere Lebenserwartung der Frau in ihrer vermehrten Belastung begründet. Die Ursache dieser Begründungen ist zu offensichtlich und daher sind wahrscheinlich beide unrichtig.

Lebensmittel

Das Essen wird immer ungesünder und schlechter, wird behauptet. Das Gegenteil ist wahr: noch nie sind die Menschen älter geworden, noch nie gab es so viel Abwechslung und auch die Ärmsten können sich in den meisten Gesellschaften ernähren ohne einen Mangel. Krankheiten werden durch das Essen - dank vieler Untersuchungen und Vorschriften - kaum noch übertragen (z.B. Tuberkulose, Bandwürmer). Das einzige was zutrifft, ist, dass das Essen immer künstlicher wird: Gott sei dank! Milch verdirbt nicht nach einem Tag und wir essen im Winter Obst. Das Problem liegt im Umgang mit den Lebensmitteln, wie es die steigende Zahl Übergewichtiger zeigt.

Lebensmotto

Immer wieder finden sich in den Gazetten Fragebögen, die von Menschen, die für wichtig gehalten werden, ausgefüllt wurden. Regelhaft findet sich die Frage nach deren Lebensmotto oder Lebensgrundsatz. Erstaunlicherweise bleibt diese Zeile kaum jemals leer. Zum Leben weiß jeder etwas zu sagen, aber in einem einzigen Satz die ganze Lebenserfahrung, Weltanschauung und sittliches Be- und Erkenntnis einzufangen, dürfte kaum einem gelingen.
Entweder die Frage impliziert einen schlichten Geist des Befragten oder Fragenden oder aber es ist die Frage nach einer Botschaft und damit der Möglichkeit einer selbstdarstellerischen Lüge.

Lebenszeit

Die Lebenszeit nimmt ständig zu und in ihr die Arbeitszeit ständig zumindest relativ ab. Wenn man nun beobachtet, was mit der gewonnenen Zeit, die frei verfügbar ist, angefangen wird, so wird sie oft tot geschlagen, ist also im eigentlichen Sinn keine Lebenszeit mehr. Da dies im Unterbewußtsein doch bemerkt wird, wird diese Zeit mit Aktivitäten ausgefüllt, um sich selbst und dem Gedanken der Nutzlosigkeit zu entfliehen.

Lebensziele

In allen menschlichen Gemeinschaften werden sinnliche Lust, Macht, Reichtum und Ansehen angestrebt, wenn auch von Kultur zu Kultur in wechselnder Reihenfolge. Gleichzeitig gibt es in allen Kulturen und auch Religionen Weisungstexte, die eben diese verurteilen und vor ihnen warnen. Die Wurzel dieser Kritiken mag in der Überlegung liegen, dass diese vier individuellen angestrebten Lebensziele der Erlangung von Macht, Reichtum und Ansehen der gesamten Gemeinschaft entgegenstehen. So heißen die Ziele dann Wollust, Gier, Habsucht, Eitelkeit usw.

Lehrer

Lehrer und zunehmend auch Hochschullehrer werden zum Spielball von Geistesakrobaten und Sprachjongleuren. Sie sollen neben "Schaffung von Lernmöglichkeiten", kognitiv modellieren, sich einer angemessenen Methodenvariation befleißigen,

Rückmeldeschleifen produzieren, individuelle Lernkompetenzanalysen erstellen, da nicht mehr gelernt wird, sondern allerlei Kompetenzen erworben werden. Dabei ist der Auftrag der staatlich alimentierten Lehrer so klar, dass er keiner Erläuterung bedarf: Die Produktion angepaßter Steuerzahler mit der Kompetenz das Bruttosozialprodukt zu heben.

Leistung

Physikalisch ist die Leistung als Arbeit pro Zeiteinheit beschrieben. Dies trifft auch für das Leben zu. Sie wird aber in Relation zum Leistenden gestellt. So wird unterschieden zwischen Männern und Frauen, Lebensalter, Gewichtsklasse etc. Stellt jemand seine Leistung aber als besonders gewichtig hin, so lässt sich daraus auf eine untere Gewichtsklasse des Prahlers schließen.

Lernen

Lernen wird allgemein ein hoher Stellenwert zuerkannt. Erst lernen Schüler und Studenten mühevoll diskursives Denken und wenn sie ihre Schulen verlassen haben, dürfen sie es nicht, es zumindest nicht äußern. Wenn sie es dennoch tun, werden sie ausgemustert. Erst wenn sie alt und ungefährlich geworden sind, dürfen sie es äußern, als Hofnarren der Gesellschaft.

Literatur

War die Nachkriegsliteratur bis in die 80er Jahre vom ideologischen, politischen und gesellschaftlichen Ringen gekennzeichnet, so fällt in den letzten Jahrzehnten auf, dass eben dies nahezu völlig verschwunden ist. Eine der Ursachen liegt in der Politik, in der der Bürger schon lange nicht mehr gewünscht ist, sondern mit Scheingefechten unterhalten wird und die eigentlichen Probleme mit Euphemismen aus der innovativen Werkstatt der Sprachfälschung zugedeckt werden.

Logik

Die Logik hat nicht gerade Hochkonjunktur. Die Kunst des Schließens, des Denkens, über Jahrtausende mühsam erworben und immer wieder auf ihre Wirksamkeit geprüft, ist, scheint entbehrlich geworden zu sein, da man immer öfter hört, auch um einer Diskusion zu entgehen: „Das kann es doch wohl nicht sein!" oder „Das ist doch Gesetz!" Diese im Empfinden entstandene Empörung wird emotionale Intelligenz genannt und als Naturrecht angesehen. Sie gibt jeden Dummkopf die Möglichkeit als scheinbarer Sieger aus einem Disput hervor zu gehen: Pöbelokratie statt Demokratie.

Luxus

Luxus ist ein Mehrhaben, welches von anderen unterscheidet. Meistens wird es auf in Geld meßbare Dinge bezogen, obwohl der wirkliche Luxus mehr in selbstbestimmter Zeit, Stille und Individualität besteht, also in den Voraussetzungen für die Eigenständigkeit man selbst zu sein. Die Römer nannten die Zeit der Arbeit, des Geschäftes negotium. Wörtlich übersetzt meint es die Zeit, die nicht zur Muße zur Verfügung steht.

Macht

Wenn man nach dem Grund einer Handlung sucht, ist es stets günstig nach der Macht in einer ihrer Erscheinungsformen zu suchen, sei es in Form von Geld, Herrschaft, Sex o.a. Das den meisten eigene Streben nach Macht führt, je erfolgreicher es ist, desto mehr dazu, der Notwendigkeit enthoben zu sein, lernen zu müssen, da das soziale Regulativ entfällt. So ist Macht ein Synonym für nichts mehr lernen müssen; vielleicht ein zusätzlicher Ansporn für manch einen.

Märchen

Märchen sind im Gegensatz von Legenden, Sagen oder dem Mythos frei vom Ballast der Realität. Es gibt sie praktisch in allen Ländern, aus Indien wissen wir auch, dass es sie schon seit über 2000 Jahren gibt. Da sie frei erfunden sind, geben sie Auskunft über die Völker und ihre Wünsche. Aber allen ist gemein, gut und böse ist klar unterscheidbar. Wenigstens dieser Wunsch scheint alle Menschen zu einen.

Maschine

Der Mensch bedient die Maschine. Hier wird sprachlich gut zum Ausdruck gebracht, daß nicht die Maschine der Diener ist. Das Telefon klingelt und man eilt hin, ein Gespräch wird unterbrochen. Selbst den Takt gibt die Maschine in den Fabriken vor. Die Maschine selbst dient aber eines anderen Interesse. Und genau so ist es mit den Computern. Das Denken muß sich den Programmen anpassen, am besten nur noch ja und nein. Und so werden sie auch benutzt. Es ist ganz leicht herauszufinden, daß von 3,7 Millionen Menschen 87,25 % der Meinung sind, daß der Mond mehr als 2,5 m von der Erde entfernt ist und 38,37 % auch hellgrünes Toilettenpapier benutzen würden.

Masse und Durchschnitt

In der Politik, wie auch in weiten Bereichen der Gesellschaft einschließlich der Wissenschaft hat sich das demokratische Prinzip durchgesetzt, ist zum Gesetz geworden. Mehrheiten werden als gut und richtig angesehen, was möglichst viele sagen oder tun, muss besser sein als die Überzeugung weniger.

Kenngröße einer Masse ist neben der Anzahl der Individuen der Durchschnitt. Um in einer Konsensgesellschaft erfolgreich zu sein, wird nicht die richtige Anschauung, sondern die durchschnittliche prämiert; damit ist Anpassung, die Verleugnung seiner selbst, die Aufgabe des Charakters und der Individualität eine notwendige Voraussetzung des Aufstiegs.

Diese durchschnittlichen Glaubenskatelle sind Machtkatelle und führen zu einer den status quo fortschreibenden Anschauung.

Lebensweisen, die sich auf Masse und Durchschnitt beziehen, sind für die Wissenschaft und Erkenntnis ungeeignet, da sie eben dieses produzieren und bewahren: Masse und Durchschnitt.

Maßstab

Wer die Geschwindigkeit versucht in Litern zu messen, gilt als dumm. Nicht das Messen sondern die Wahl des richtigen Maßstabes ist Quell eines falschen Ergebnisses. Zunehmend scheint der einzige zugelassene Maßstab der Geldwert zu sein. Weise messen kann aber nur der, der nicht den Maßstab anderer oder andere als Bezug nimmt, sondern er kann sich nur an den eigenen Möglichkeiten und der Sache sinnvoll orientieren.

Medien

Was nicht in den Medien ist, findet nicht statt. Aber auch das Umgekehrte gilt, vieles was in den Medien ist, findet auch nicht statt. So gibt es z.B. in regelmäßigen Abständen Katastrophen, die den Bestand der Menschheit gefährden: Vogelgrippe, Rinderwahnsinn, Waldsterben, Ozonloch, Klimaerwärmung, Anstieg der Ozeane u.a. Früher waren dies Strafen des Herrgotts für unbotmäßiges Verhalten des Menschen, heute wird die Ausbreitung dieser Plagen angedroht, wenn die Menschen nicht den selbsternannten Propheten folgen. Die Aufklärung hat die Menschen wirklich weiter gebracht.

Medikalisierung

Durch die Erfolge der Medizin bedingt, werden immer mehr gesellschaftliche, aber auch allgemeine Phänome, wie Altern, Tod, Geburt, Lernverhalten, Streß u.a. mit medizinischen Termini belegt und mit medizinischen Mitteln behandelt. Für die Gesellschaft bietet dies den Vorteil, daß über die Ursachen nicht nachgedacht werden braucht, eine mögliche Schuldhaftigkeit entfällt; auf ärztlicher Seite kann das aufsteigende Unbehagen an der Verantwortungsübertragung durch finanzielle

Vorteile gedämpft werden. So ist eine wunscherfüllende Medizin vom Burn-out bis zum Anti-Aging, von Geburt bis zum Tod mit sinnloser Technik der Diagnostik und Therapie von allen Beteiligten wohl gelitten.

Medizin

Die Medizin bemüht sich um eine Systematisierung der Krankheiten, aber nicht um eine der Kranken. Dies führt bei der bestehenden Tendenz zur Normierung der Behandlungen dazu, dass oftmals inadäquat therapiert wird. Ein 28 jähriger Ballettänzer wird bei einem Knöchelbruch andere Erwartungen an das Ergebnis haben und eine andere Behandlung dafür auf sich nehmen, als ein moribunder Raucher, dem das andere Bein fehlt, auch wenn beide Bruchformen identisch sind. Daher sollte der Behandlungsweg wieder zwischen Patient und Arzt ausgemacht werden und nicht von Krankenkassen, Fachgesellschaften oder welchen Gemeinschaften auch immer.

Medizintechnik

In die Medizintechnik werden vom Patienten höchste Erwartungen gesetzt und er erwartet sich von ihr einen Sieg über seine Erkrankungen. Es ist aber stets ein relativer Sieg. Im Angesicht seiner „letzten Krankheit" aber kommt es zu einer Umkehr und Verkehrung seines Denkens und er will sich geschützt gegen die kalte Welt der Apparate und Technik sehen und verfasst eine Patientenverfügung. Der Tod selbst avanciert zum Retter aus den Fängen einer unbarmherzigen Maschinenmedizin.

Meinung

Wozu noch Argumente, wenn man doch schon eine Meinung hat. Besser als Meinung ist Deinung und am sichersten und bequemsten ist eine Unsung. Das ist die negative Seite der Demokratie, wenn die Wahrheit und die Realität zur Disposition für die Mehrheit steht. So kann man nur eine entstehende Meinung mit einer bestehenden niederringen: Du bist für Autobahnen? Das waren die Nazis auch.

Meinungsumfragen

Viele können irren und sie tun es oft. Was sollen wir aus den Umfragen lernen? Die Wahrheit ist nicht demokratiefähig. Zudem geht die Meinungsforschung von der unwahrscheinlichen Annahme aus, dass die Leute eine Meinung hätten. Vielmehr ist es so, dass die Umfragen so gestaltet und die Fragen so gestellt werden, dass die Meinung des Auftraggebers durch Zeugen belegt wird. Gelingt das einmal nicht, hören wir nichts von der Studie.

Mensch

Der Mensch gilt als das Maß aller Dinge. Er hat auch kein anderes und das ist außerordentlich praktisch, denn er kann einen Klugen oder Dummen, einen Zwerg oder Riesen nehmen, je nach dem, wie die Welt angenehmer zu sehen ist. Seine Vorstellung und Wille wählt den Maßstab, aber er kann sich zufrieden dem Trugschluß hingeben, er habe gemessen, gewogen und befunden. Hierdurch fühlt er sich in seiner Haltung gestärkt und die

Gefahr von Selbstzweifeln angekränkelt zu werden, ist gebannt.

Menschenwürde

Von der Befruchtung bis zur Sterbehilfe wird auf die Menschenwürde verwiesen und durch den pathetischen Klang manch argumentative Lücke verdeckt. Kaum wird erklärt, was sie denn sei. Das Gegenteil von würdevoll wäre würdeleer, es heißt aber würdelos. Das bedeutet, dass sie vorbestehend sein muß, man kann sie nur verlieren. Sie liegt wohl in der Individualität des Menschen und gerade diese ist durch die zunehmende Normierung der Massengesellschaften bedroht. Sie sei unantastbar, steht im Grundgesetz. Wenn sie eh nicht antastbar ist, warum sie dann schützen?

Minderwertigkeitskomplex

Erlebt ein Mensch wiederholt durch eigen Fehler oder Versagen ein Ziel nicht zu erreichen, so bildet sich ein Minderwertigkeitsgefühl heraus. Die Kompensation kann sich nach innen richten - Annahme der Opferrolle, Depression u.a. - oder nach außen - Aggression, Alkohol, Statussymbole u.a., besonders häufig in der Pubertät zu beobachten, in der bemerkt wird, dass eben nicht jeder Traum verwirklicht werden kann, da die persönlichen Möglichkeiten nicht ausreichen. Dadurch das dieses normale Gefühl frühzeitig als Komplex charakterisiert wird, wird die Möglichkeit zur Reifung durch "Hilfe" genommen.

MINT-Wissenschaften

Mathematik, Informatik, Naturwissenschaften und Technik können bedenkenlos ignoriert werden, ohne als ungebildet zu gelten; es gilt sogar als chic, nichts von ihnen zu verstehen. Aber ihre Früchte werden von allen genossen. Bei den Kunst-, Kultur- und Geisteswissenschaften ist es genau umgekehrt: Ein ignorieren gilt als unkultiviert, ihre Ergebnisse werden kaum berücksichtigt.

Mißbrauch

Häufig decouvriert die Wortwahl seinen Benutzer. So wird von Kindesmißbrauch gesprochen. Da erhebt sich doch die Frage, was ist der bestimmungsgemäße Gebrauch eines Kindes? Ist die Tat schon schrecklich, so zeigt der technisch - formale Ausdruck, dass die "Entmenschlichung" danach erst richtig los geht. Die Justiz sollte sich prüfen, ob die Reduktion auf das Formale bei allem Gleichheitswahn nicht einen Verstoß gegen die Würde des Individuums darstellt und ob das vermeintliche Wissen um den rechten „Gebrauch" eine Gundlage hat.

Mißtrauen

Moderates Mißtrauen entsteht aus der Erfahrung enttäuschten Vertrauens. Heftiges und stetiges Mißtrauen findet sich aber bei den Menschen, die glauben, alle Menschen seien wie sie. Sie übersehen dabei, dass es auch anständige Menschen gibt. Trifft man auf Mißtrauen ohne ersichtlichen Grund, so sind Zweifel an der entsprechenden Person angeraten.

Mitleid

Das Leid anderer zu beklagen, heißt nicht das Leid zu teilen. Vielmehr gibt es so etwas, wie eine Betroffenheitsrethorik, die vom Borkenkäfer bis zum Menschen reicht. Die geäußerte Empörung sublimiert den moralischen Anspruch für das Objekt des Mitleids folgenlos. Der Empörte sonnt sich im Gefühl des Gutmenschens, da er tätiges Mitleid demonstriert. Und so verhält er sich wie ein Kind, er weint und leidet nur wenn Publikum da ist.

Möglichkeit

Etwas ist möglich meint, es ist nicht ausgeschlossen. Und genau so ist es bei den eigen Möglichkeiten. Solange nicht der Nachweis erbracht ist, sofern es nicht objektiv unmöglich ist, besteht die Möglichkeit. Da aber die meisten Menschen kein besonderes Vertrauen in ihre Fähigkeiten besitzen, probieren sie es nicht aus und bleiben daher weit unter ihren Möglichkeiten. Aber sie beklagen dennoch die fehlenden Möglichkeiten und bauen sich Illusionen auf: „Hätte ich die Möglichkeit gehabt, dann…"

Moral

In der Moral ist die Menschheit doch deutlich vorangekommen, überall herrscht eine Doppelmoral. Es wird sich an so vielen Werten orientiert, dass man für das eigene Verhalten ganz andere hat, als für ein fremdes Verhalten. So hat der tschechoslowakische Ministerpräsident Edvard Beneš gelegentlich des italienischen Überfalls auf Äthiopien besonders lautstark wirtschaftliche Sanktionen gefordert, nahm aber sein eigenes Land davon aus. Aber es geht auch umgekehrt: In den Beneš-Dekreten wurde nach dem Ende des zweiten Weltkrieges das Erschlagen von Deutschen straffrei gestellt. Diese Dekrete sind unverändert gültig. Die EU bezeichnet sich als Wertegemeinschaft und nahm das Land dennoch auf. Dies wird als Pragmatismus bezeichnet.

Mündigkeit

Den Bürgern in einer modernen Gesellschaft wird immer weniger zugetraut. Früher erfolgte die Alimentation der Alten in der Familie, in Eigenverantwortung. Heute wird dem Menschen während seines Erwerbslebens Geld weggenommen, da man ihm nicht zutraut, für sein Alter vorzusorgen. In der Aufzucht werdender Steuerzahler mischt sich der Staat mit den Schulen, Jugendämtern u.a. immer mehr in die Erziehung ein. Und so werden immer mehr Menschen unmündig und nennen es verordnungsgemäß Sozialstaat.

Mut

Mut ist oft das erkennbare Zeichen mangelnder Vorstellungskraft, fehlender Information oder schlicht Unvernunft. Im Krieg werden die, die Glück hatten Helden genannt, von den anderen hört man wenig. Hat der Kluge sich nach Risikoabwägung zu einer Handlung entschlossen, hat er Angst, daß das Unwahrscheinliche eintritt. Ist das Risiko zu hoch, so gebietet die Vernunft den Mut zur Feigheit.

Mythos

Man kann einen Arzt oder Richter nicht an der Zeit messen, die er braucht, um einen Fall zu erledigen, da die Qualität, wie es der Ausdruck im Gegensatz zur Quantität sagt, nicht meßbar ist, ein Ersatz gemessen wird. So wird beim Arzt z.B. die Zeit, die er für einen Patienten aufwendet anders interpretiert vom Krankenhausträger (Effizienz, hohe Schlagzahl) als vom Patienten (Massen- oder Fließbandmedizin). Von beiden Seiten wird aber der Mythos der Zahl, ihre Unbestechlichkeit benutzt, obwohl Zahlen als Beschreibungen niemals den Kern der Dinge berühren.

Nachsicht

Stets Nach- und Rücksicht einzufordern, aber niemals zu gewähren ist für manch einen schon der Nachweis seiner Bedeutung vor sich selbst. Von anderen wird er als kleinlicher, weinerlicher Pedant gesehen, der in seiner Egozentrik keine Empathie entwickeln kann. Das Gegenteil wird von anderen eher als Zeichen der Größe akzeptiert: Großzügig Nachsicht gewähren, ohne sie für sich in Anspruch zu nehmen.

Nationalstolz

Der Nationalstolz hat die gleichen Wurzeln wie ein Fanclub: Menschen, die in ihrem eigenen Leben nichts finden, auf das sie glauben stolz sein zu können, stilisieren eine Gruppe, der sie zufällig oder durch Wahl zugehören, zu etwas ganz besonderem, ohne dazu beitragen zu müssen. Für einige wohl die einzige Möglichkeit ihrem Leben einen Sinn zu geben. Dies wird von einigen natürlich auch benutzt.

Naturrecht

Naturrecht beschreibt allen Menschen eigene Rechtsgrundsätze, die kulturell unabhängig sind, wie z.B. das Recht zu leben, der körperlichen Unversehrtheit oder das Recht auf Freiheit. Dies mit dem Namen Naturrecht zu versehen, ist natürlich Unfug: Man braucht nur die Natur zu beobachten. Nur wer in Gemeinschaft leben möchte, muß sich auf diese Rechte beziehen und sie gelten nur für die Gemeinschaft.

Neid

Eine Voraussetzung für das Entstehen von Neid ist, dass das Sein das Bewusstsein verstimmt, also eine Unzufriedenheit mit der eigenen Situation. Auf der anderen Seite, also auf Seiten des Beneideten muß der Neid als hohe Anerkennung zur Kenntnis genommen werden, um so mehr, als Neid kaum jemals geheuchelt wird. Während man Mitleid geschenkt bekommt, was den Gebenden unwillkürlich über den anderen erhebt, ist es beim Neid umgekehrt. Auch deshalb sollte man sich den Neid verwehren.

Netzwerke

Netzwerke, auch die digitalen, sind die Opposition zur öffentlich erklärten Norm des Universalismus. Damit wird die Vetternwirtschaft in die neue Zeit gerettet. Erkauft wird dies, mit der ständigen Bereitschaft für beteiligte Personen und Mitteilungen stets erreichbar zu sein. Das so erzielte Sozialkapital wird mit ständiger Erreichbarkeit bezahlt und damit mit reduzierter Selbstbestimmung.

Neugier

Der Kern des Zweifels ist die Neugier. Ohne die Bereitschaft das als sicher Erachtete in Frage zu stellen, wird das Denken und Leben statisch. Wer mit seinem Wissen zufrieden ist, bleibt stehen. Die Prämissen sollten stets zur Disposition stehen. Hinter den Fassaden gibt es andere Fassaden zu entdecken. Leben ist Änderung. Ändert sich nichts mehr, nimmt sich das Leben eine Auszeit.

Normalität

Das, was in einer Gesellschaft nicht erklärt werden muß, auf das man sich einfach beziehen kann, wird als Normalität angesehen. Abweichendes Verhalten wird nicht geduldet, führt zum Konflikt oder wird sanktioniert und kriminell genannt. Damit entsteht gleichzeitig eine Normsetzung und damit eine Statik, ja Lähmung, andere nennen es Verläßlichkeit. Die Schwachen freuen sich über die Verläßlichkeit und Überschaubarkeit des Lebens, die Starken fühlen sich durch solche Gruppenzwänge eingeengt.

Normierung

Während Normen in den technischen Dingen als Höflichkeit der Materie gesehen werden kann, ist sie bei der Bändigung der Natur schon monoton und führt zur Verarmung, wie z.B. bei der Flurbereinigung. Noch schlimmer ist es beim Menschen. Aber er normiert sich sogar selbst, äußerlich mit Hilfe der Plastischen Chirurgie u.a., innerlich durch Anpassung, die in der Massengesellschaft prämiert wird. Schaut man in die Vergangenheit, sieht man Kleidermoden, die einen teils absurd anmuten, aber in die sich unsere Vorfahren willig zwängten. Manch einer sieht hierin bereits Kultur.

Ökonom

Der Ökonom hat es ganz einfach. Er besitzt nur einen Maßstab, von dem alle anderen abgeleitet werden, das Geld. Selbst Tugenden vermag er in Geldwert auszudrücken: Was kostet das Unternehmen die Unehrlichkeit der Mitarbeiter, welche Kostenersparnis bringt die Pünktlichkeit etc. Das macht die Welt übersichtlich und ihn erfolgreich. Da er nur diesen einen Maßstab kennt, hat er keinerlei Zweifel, läßt keinen andern Maßstab zu und gewinnt so jede Diskussion.

Ordnung

Ein ordentlicher Mensch ist Quell der Freude für seine Umgebung. So strebt denn alles in den Gemeinschaften nach Ordnung. In der wissenschaftlichen Gemeinschaft werden ständig Ordnungen errichtet, von denen die Wirklichkeit keine Notiz nimmt, aber die Illusion vermittelt, etwas verstanden zu haben. In den Gemeinschaften ist die Wirkung umfassender Ordnungen ungleich schlimmer. Sie schränken die Freiheit ein und führen zu normierten Verhalten. Daher sind sie auf das von Kant vorgegebene Maß zu reduzieren: Sie beginnen erst dort, wo die Freiheit des anderen beginnt.

Parteien

Die meisten Menschen sehnen sich nach Gemeinschaften und dabei entdecken sie, dass Glaubenskartelle auch Machtkartelle sind. Beides bieten Parteien. Da aber - neben opportunistischen Beweggründen - nur die Grundüberzeugung der Mitglieder übereinstimmend ist und sich zu allen Dingen geäußert werden soll, werden, wie auch in den Kirchen, Konsenuskonferenzen durchgeführt, in denen die gemeinsame Überzeugung festgelegt wird. Zugleich wird der mehrheitliche Beschluss als Nachweis der Richtigkeit des Beschlusses gesehen. Abweichlern droht eine heftigere Verfolgung als dem Gegnern außerhalb der Partei, weil sie das erstrebte Gemeinschaftsgefühl bedrohen. In dieser Situation schweigt der Verstand und der Mund spricht: "Da könnte ja jeder kommen."

Perversion

Perversionen, also Verdrehungen, Umwendungen kommen öfter vor, als man meint. So werden oft Ordnung, Disziplin und Pünktlichkeit als Ziele angesehen. Diese sind aber recht betrachtet nur Mittel zur Erreichung eines Zieles. Kapriziert man sich auf diese Attribute als Ziel, so verhält man sich wie ein Strumpffetischist, der die Sexualität durch den Strumpf ersetzt. Aber man kann so nur sehr bedingt glücklich werden.

Phantasie

Es gibt Menschen, denen es an Vorstellungskraft mangelt, sie können daher auch keine Empathie empfinden, sind also behindert. Die anderen entwickeln bildlich Erinnerungsbilder oder Vorstellungsbilder, oder sprachlich, logisch Ideen. Die Vorstellungskraft kann so übermächtig werden, die Imagination so bestimmend, dass ein Leben ganz in der Innenwelt stattfindet oder eine Abgrenzung zur Außenwelt dem Betroffenen nicht mehr möglich ist. Dann ist eine Entrümpelung der Phantasie dringend erforderlich.

Philister

Der Kleinbürger hat oft in der Sache recht, auch wenn er selten weiß warum. In seiner Mittelmäßigkeit gefangen, verurteilt er alles, was seinen Horizont übersteigt. Aber da er denkt, wie die meisten denken, geht er ungefährdet durchs Leben; so ist er auch dadurch ohne eigenes Zutun vernünftig. Lästig ist nur, dass er glaubt, alle anderen müßten auch so leben.

Plagiat

Das Plagiat ist natürlich ein Diebstahl, aber auch gleichzeitig eine hohe Form des Lobes für den Urheber, da deutlich wird, dass der Dieb einen Gedanken nicht besser zu formulieren vermag als jener. Geht es um den zugrunde liegenden Gedanken, so muß bis zum Beweis des Gegenteils gelten, dass er auch selbst darauf gekommen sein könnte; in dubio pro reo. Anderes gilt für die Sprechbeutel, die ständig mit fremden Gedanken hausieren gehen.

Political correctnes

Political correctnes ist der ewig lächelnde Wahrheitsfeind, der sich ausschließlich auf die Form und kaum jemals auf den Inhalt oder die Absicht bezieht. Es ist nichts gewonnen, wenn es nicht mehr Migrant, Flüchtling oder Ausländer heißt, sondern Mensch mit Migrationshintergrund, Mensch mit Behinderung, Mitbürger mit dunkel pigmentierter Haut usw. Dies ist Gutmenschentum zum billigen Preis.

Politik und Wissenschaft

Politik und Wissenschaft haben grundsätzlich unterschiedliche Prinzipien. Die Wissenschaft stellt Fragen, die sie für relevant hält und findet Antworten, die sie für wahrscheinlich hält. Sie gelten nur solange sie in sich und zu anderen Erkenntnissen widerspruchsfrei sind. Sie sind vorläufige Antworten, die oft neue Fragen aufwerfen. Sie stehen zur Disposition und werden als derzeitiger Stand des Irrtums gesehen. Ganz anders ist es in der Politik. Hier leben die Antworten von einem klaren Ja oder Nein, ohne wenn oder aber. Sie sind niemals nur wahrscheinlich und besonders erfolgreich, wenn sie alternativlos dargestellt werden.
Daher ist die Beratung der Politik aus der Wissenschaft

nahezu nicht möglich. Aus einem Gutachten werden nur die Teile verwandt, die eine vorgefaßte Meinung stützen, was dagegen spricht, wird nicht einmal ignoriert.

Politiker

Das Wort stammt aus dem Griechischen und bedeutet Bürger sein, sich als Bürger betätigen. Das Wort beschreibt also eine Eigenschaft, die jedem Erwachsenen im Gemeinwesen eigen ist, wie Mann oder Frau sein. Und schon Platon berichtete, dass Sokrates verwundert fragte, was das den für ein Beruf wäre. Er verstünde was ein Handwerker herstelle, was aber stelle ein Politiker her?
Heute wissen wir die Antwort: Es ist jemand, der den Anschein erwecken kann das Gemeinweh in Gemeinwohl wandeln zu können, also jemand der Illusion als Vision verkaufen kann. Wenn er dies gut macht, haben die ihn Bezahlenden wenigstens Unterhaltung.

Politiksprech

Der Bürger achtet bei den Politikern nicht mehr darauf was sie sagen, sondern nur noch darauf, warum sie etwas sagen. Politiker sprechen nur noch zu den Leuten, nicht mehr mit ihnen. Und sie tun es mit Wörtern aus der hochinnovativen Werkstatt der politischen Sprachfälscherei: Minuswachstum steht für Schrumpfung, nachinformieren für verschweigen etc. Um das lästige Dechiffrieren sich zu ersparen, achtet der Hörer nur noch auf den Kern: Was will jener erreichen?

Position

Gedankliche Positionen sind nichts anderes als der aktuelle Stand im Mühen nach Erkenntnis. Sie stehen zur Disposition, werden im Diskurs geprüft und sind anschließend verworfen, geändert oder gestärkt beibehalten. Den Dummen gilt aber das Verharren auf einer Position als Charakterstärke. Ein Gespräch wird damit sinnlos. Aber vielleicht ist dies Beharren die einzige Möglichkeit des Dummen sich selbst vermeintlich seine Würde zu demonstrieren, da er die fehlenden Möglichkeiten durch Positionstreue, genannt Prinzipientreue zu verdecken meint.

Positivismus

In dem Maße, in dem der Positivismus erfolgreich war, fand sich ein immer kleinerer geistiger Raum für Spekulation und Mystik. Je klarer die Naturwissenschaften die wundersamen Phänome der Natur erklärten, das wie und warum darstellen konnten, desto weniger sahen die Menschen in allen Dingen und Geschehnissen Gott. Die Zeit zwischen Urknall und Zelltod ist mittlerweile mit soviel Wissen ausgestattet, daß die meisten Menschen dadurch so beschäftigt sind, daß darüber hinaus reichende Fragen der Unendlichkeit, der Zeit etc., die keine klaren Antworten erwarten lassen, ignoriert werden. Kompendien erscheinen zuverlässiger als Glaubensbücher.

Pragmatismus

Das Wort Pragmatismus wird meist dazu verwandt, alle moralischen Grundsätze über Bord zu werfen. So ist eine pragmatische Regelung ein Synonym für opportunistisches Handeln. Aber wann hatte die Wahrheit schon jemals eine wirkliche Change gegenüber einem eindeutigen Vorteil? Die Welt ist eben nicht voller Märtyrer, nicht einmal und besonders nicht im kleinen Alltag.

Presse

Die Presse ist in der westlichen Welt im eigentlichen Sinne frei, aber in weiten Teilen überflüssig, denn die Themen werden vom Wunsch der Mehrheit bestimmt und die Sichtweise von der vermuteten Meinung der meisten. Kaum ein Journalist entzieht sich die eigene ökonomische Grundlage durch eine eigene Meinung. Deshalb unterscheiden sich Zeitschriften in der verwandten Sprache, auch wenn die poltical correctnes selbst hier Grenzen setzt, aber selten durch den Inhalt.

Privatsphäre

Gegenüber dem Kollektivismus, dem Faschismus und dem Kommunismus wird im Humanismus, dem Liberalismus das Individuum geachtet, es wird geschützt. Aber fern jeder Ideologie läßt sich der Verlust der Privatsphäre beobachten, einerseits durch den Staat, der dies mit einem immer größeren Sicherheitsbedürfnis erklärt, durch neue Technologien, die er sich zu Nutze macht, wie Gesichtserkennung, Handyortung, Kennzeichenerkennung etc., aber auch Firmen benutzen die Datenverarbeitung, um Kundenprofile zu erstellen. Freiwillig geben die Menschen intimste Auskünfte im Internet. Die Privatsphäre scheint keine wesentliche Bedeutung mehr zu haben.

Professor

Professor kommt nicht von Profit, sondern von dem lateinischen Wort profiteri. Eigentlich ist er ein öffentlich angestellter Lehrer, der sich öffentlich zu einer eigenen Meinung bekennen soll. Es hat sich aber umgekehrt. Professor ist jetzt einer, der sich zu seinem Vorteil zur öffentlichen Meinung bekennt. In dem heutigen Hochschulsystem ist nur noch der erfolgreich, der die mehrheitliche Meinung vertritt. Das ist gewollt, da Hochschulen keine Festturner des Geistes ausbilden wollen, sondern Berufstätige, die Steuern zahlen. Erkenntnis ist Privatvergnügen geworden.

Prognose

Täglich werden wir mit Prognosen überschwemmt. Fachleute, Experten deuten uns die Zukunft. Überwiegend sind diese Prognosen, die ex ante erstellt werden falsch, da nur linear gedacht wird. Ex post wird dann treffend festgestellt, dass wenn man damals andere Prämissen berücksichtigt hätte, die Prognose gestimmt hätte. Es ist wie im Kleinen: "Das hätte ich Dir auch vorher sagen können."

Prokrastination

Eine häufige Form des Selbstbetrugs und oft auch für den Versuch der Fremdtäuschung eingesetztes Verfahren: Um scheinbar einer notwendigen, aber ungeliebten Tätigkeit zu entgehen, wird eine angenehmere Tätigkeit ausgeübt, und damit der Anschein erweckt, es wäre unmöglich, die ungeliebte

Tätigkeit zu erledigen, jedoch mit der Folge, wenn sich kein Dummer findet, dass die ungeliebte Arbeit - als gerechte Strafe - im Anschluss auch noch erledigt werden muß. Nicht selten wird dann auch noch versucht Mitleid für die Belastung eingefordert.

Prominenz

Viele Prominente leben eigentlich schon lange nicht mehr; sie haben es vergessen, denn sie verwalten und demonstrieren unablässig ihr Ego. Aber auch dieses ist fast verschwunden, denn wer sich ständig glaubt ausdrücken zu müssen, um Eindruck zu hinterlassen, ist nicht er selbst, sondern das, was er glaubt, dass es andere beeindruckt. Dieser auferlegte Zwang die Schönheit der Seele vorführen zu müssen, läßt dann auch diese sterben.

Provinz

Man sagt Provinz sei dort, wo ein Lehrer für einen Intellektuellen gehalten wird. Neben dem Bonmot ist ein zweiter wahrer Kern in dieser Aussage. Die Bewohner der Provinz setzen alles in Bezug zur großen weiten Welt. Ihre Kirche mit dem Kölner Dom, ihr Gemeinwesen mit den USA etc. Sie tun dies, um dem Gefühl zu entgehen, etwas zu versäumen, wenn sie dort bleiben, denn in der Provinz finden sie die ganze Welt, nur eben etwas kleiner.

Qualitätsmessung

Derzeit wird allerorten die Qualität gemessen. Kaum jemand käme auf die Idee mit dem Thermometer die

Geschwindigkeit zu messen. Seit Aristoteles war es unbestritten, dass Charakteristikum der Qualität - im Gegensatz zur Quantität - die Nichtmeßbarkeit ist. Es werden nunmehr Surrogate gemessen und behauptet, dass dies die Qualität widerspiegele. Dieses hoch innovative Produkt aus der Werkstatt der Sprachfälscherei bringt einigen Menschen unsinnige Arbeit und wenigstens Lohn. Lustiger wäre es, sie mit dem Hohlmaß die Zeit messen zu lassen.

Qualy

Qualy wird in der Gesundheitsökonomie verwendet. Es ist ein Maß, welches angibt, wieviel lebenswerte Jahre man für eine Einheit eingesetzten Geldes erhält. Bei begrenzten finanziellen Mitteln bietet sich so vordergründig ein gerechtes Mittel zur Zuteilung von Leistungen an Kranke.

Diese formale Verwaltung des Individuum in den Tod hat als feste Größe den Euro, die lebenswerte, gewonnene Zeit steht zur Disposition. Dies ist ebenso menschenverachtend, wie die Unterscheidung von lebens- und lebensunwertem Leben aufgrund von Rasse, Volksnützlichkeit o.ä.

Quote

"Frauen und Behinderte werden bei gleicher Qualifikation bevorzugt berücksichtigt", heißt es in vielen Stellenanzeigen, vor allem von Universitäten. Da bleibt zu fragen: "Und Katholiken, Männer unter 1,70 m oder Demenzkranke?" Es wird keiner glauben, dass sich die Qualifikation objektivieren läßt, also wird vor lauter politischer Korrektheit Kriterien zur Auswahl herangezogen, die eben eigentlich keine Rolle bei der Vergabe der Stellen spielen sollte: das Geschlecht oder die - für die Stelle - nicht einschränkende Behinderung. Ziel sollte nicht sein eine Diskrimination durch die gegenteilige zu ersetzen, sondern die Reduktion der Auswahl auf in der Sache begründete Kriterien.

Reden

Diente früher das Reden zur Vorbereitung einer Tat, so ist es zunehmend zum Ersatz einer Tat verkommen. Kommunikation an sich an sich gilt als Wert, der Inhalt wird sekundär. Es ist gut darüber gesprochen zu haben, auch wenn nichts gesagt wurde. So entstehen gefühlte Gemeinschaften ohne Inhalt, Bindungen ohne Verbindlichkeit. Sie können ebenso leicht aufgekündigt, wie geschlossen werden.

Reichtum

Das Wort Reichtum wird immer mehr auf materielle Güter eingeengt, vielleicht weil sich so ein Überfluß leichter darstellen läßt. Die meisten Religionen sehen den materiellen Reichtum als ein Hindernis an, geistigen Reichtum zu erhalten. Luther und Calvin sahen im Reichtum ein Indiz für die Erwählung durch Gott. So gibt es in protestantisch geprägten Ländern ein Streben nach Leistungsgerechtigkeit, in den katholisch geprägten nach Verteilungsgerechtigkeit.

Religion

Die Religionen sind die Ergänzungen zu den jeweiligen Gesetzen, die ein Zusammenleben regeln. Die Gesetze sanktionieren nicht gewünschtes Verhalten und ihre Normen gelten nur aufgrund ihrer Sanktion und sei es durch soziale Ächtung. Da aber Normenverstöße auch unbeobachtet geschehen, das Gewissen als nicht sicher erscheint, muß eine Strafe in Aussicht gestellt werden. Diese erfolgt dann im Jenseits, im nächsten Leben oder wann auch immer, jedenfalls für die Lebenden nicht überprüfbar.

Resignation

Resignation tritt auf, wenn ein angestrebtes Ziel offensichtlich mit den zur Verfügung stehenden Mitteln nicht erreichbar erscheint, oder die einzusetzenden Mittel in einem erkennbaren Mißverhältnis zum Gewinn stehen. Auch wenn dies meist als Leere empfunden wird, so ist es alleweil besser, als in Eifer oder Zorn zu verfallen, denn die Leere schaft Platz für neue Ziele.

Resilienz

Nicht nur das Wort Resilienz, sondern auch sein Inhalt gehen verloren. Die Streßbelastbarkeit, das vom lateinischen resilio - abprallen, zurückspringen - stammende Wort bezeichnet die Fähigkeit Krisen, Probleme zu bewältigen, ohne an ihnen zu zerbrechen. So können sich Kinder trotz widriger Umstände gesund entwickeln. Die allgemeine Aufmerksamkeit gilt aber nicht ihnen, sondern den anderen.

Rhetorik

Rhetorik kann einerseits dazu dienen, ein Nichts in Seidenpapier zu verpacken, damit dieses als großartiges Geschenk wahrgenommen wird, andererseits aber ist sie eine notwendige Voraussetzung, um einen Gedanken klar zu fassen und so anderen zugänglich zu machen. Sie ist also Werkzeug oder Medium und damit weder schlecht oder gut, sie kann aber gut oder schlecht gebraucht werden.

Risiko

Die meisten Menschen scheuen ein unnötiges Risiko. Aber in jeder Entscheidung liegt ein Risiko, sei es bewusst oder unbewußt. Wenn auch meist nicht alle Folgen einer Entscheidung absehbar sind, so ist ein rationales Kalkül der Risikoabwägung auch deshalb günstiger, weil dann nicht unrealistische Wünsche aufkommen können, wie duschen ohne naß werden.

Rolle

Im Allgemeinen wird "eine Rolle zu spielen" als negativ angesehen. Vorgeworfen wird die fehlende Authentizität. Andererseits wird als gut erachtet, was den Vorstellungen entspricht. Was will denn die Gesellschaft noch mehr, als die Aufgabe der Persönlichkeit und damit die Unterwerfung unter ihre Vorstellungen? Und ist es in einigen Fällen nicht sogar günstiger als die Umsetzung des Orginals?

Ruhm

Nach Ruhm oder auch nur Ansehen bei anderen Leuten streben viele. Dem zugrunde liegt ein Mißtrauen in die eigene Urteilskraft, wenn das Urteil anderer so wichtig wird. Dann wird letztlich das eigene Verhalten durch die vermutete Erwartung der anderen geprägt und die eigene Person zunächst verleugnet, schlußendlich verloren. Dies scheint ein Grund für die Angleichung der Leute zu sein. Den Ruhm erhält der beste Darsteller.

Sachzwang

Wie kann eine Sache einen Zwang ausüben? Ist dies nicht ein Versuch sich der Verantwortung zu entledigen? Ein Sachverhalt kann eine Handlungsweise nahelegen, das heißt man sieht die Sachlage so und folgert daraus, handeln zu müssen. Die Verantwortung für die Folgen der Handlung bleiben aber beim Handelnden, dem Subjekt und er kann dreifach irren: Er kann den Sachverhalt verkennen, er kann falsch folgern und er kann falsch handeln.

Schein

Die Erscheinungsform läßt sich am schnellsten aufnehmen. Daher werden viele Menschen von ihr am meisten gelenkt. So haben es schöne Menschen im Leben einfacher, weil ihnen auch automatisch andere günstige Eigenschaften zugeschrieben werden. Das gilt aber für fast alle Dinge, wo aus Bequemlichkeit pars pro toto genommen wird. In der Wirtschaft ist es der Gewinn, aus dem auf ein Unternehmen geschlossen wird, auch wenn es unfähige Mitarbeiter hat etc. So kommen viele Fehlurteile aus Bequemlichkeit zustande.

Schmetterling

Schmetterlinge sind schön, bunt und friedlich und erfreuen die Menschen. Sie sind ebenso schön wie nutzlos für die Natur. Sie leben nur für ihre Schönheit und suchen sie zu steigern, indem sie sich ständig auf die schönsten Blumen der Wiese setzen. Eine ähnliche Spezies gibt es auch unter den Menschen; sie müssen sich aber ständig unter ihresgleichen aufhalten und mit großem Aufwand und viel Getöse alles für ihre Schönheit tun, damit die Erkenntnis ihrer Nutzlosigkeit unterdrückt wird. Altern sie, ist großer Aufwand nötig, um ihre Bedeutungslosigkeit zu verdecken.

Schuld

Schuld wird immer weniger empfunden. Damit mutiert auch ein Großteil der Bringschuld zur Holschuld. Welch mühsames, unnötiges Unterfangen, verursacht durch zunehmende Egomanie und dem damit einhergehenden Rückgang von Höflichkeit. Schuld sind aber auch die, die dieses Verhalten tolerieren oder es sogar hinnehmen, dass sie für kleinlich gehalten werden.

Schulen

Von der Grundschule bis zur Hochschule stehen die Schulen unter der bürokratischer Ordnungsdiktatur. Zwischen Punkten und Prozenten ging dabei der Bildungsgedanke verloren. Bildung, da nicht meßbar, wurde durch Kompetenz ersetzt, so daß die Vermesser des Geistes die Fahne der Gerechtigkeit, der Vergleichbarkeit vor sich her tragend alle Festturner hinter sich herziehen lassen wollen. Sie bemerken aber nicht, daß die wirklichen Geistesathleten derweilen andernorts ihre Wettkämpfe austragen. Der Staat inszeniert mit viel Aufwand eine Olympiade der Mittelmäßigen. Gewinner ist derjenige mit der höchsten sozialen Kompetenz, was heißt, er hat sich wunschgemäß angepaßt.

Schulnoten

Es gibt oft gute Leistungen, die nicht befriedigen und immer wieder ereignen sich Situationen, in denen auch sehr gute Leistungen ungenügend sind, nicht weiter helfen, aber manchmal können mangelhafte Leistungen völlig ausreichen.
Die Schulnoten werden aber mit diesen inkonsistenten Benennungen bedacht. Hier werden die Kategorien bunt gemischt. Das Gegenteil von gut ist schlecht, von genügend, ungenügend, von ausreichend nicht ausreichend und von mangelhaft fehlerfrei und schlussendlich von sehr gut sehr schlecht.
Am häufigsten dürften mittelmäßige Leistungen sein; meist werden sich die Fähigkeiten einer Gaußschen Normalverteilung gemäß zeigen. Daher sollte eine Note auch in der Mitte der Skala sein. Anders ausgedrückt eine ungerade Anzahl von Noten erscheint gemäß.
Es wird aber sicherlich nicht geändert, da dies immer schon so gemacht wurde. Wieder einmal der Nachweis, dass auch die Dummheit die Tradition kennt.

Schwarmintelligenz

Anpassung ist der Weg des geringen Widerstands, eine soziale Kreisbewegung, bei der sich jeder nach einem anderen richtet, ohne zu wissen, nach wem sich der erste richtet. So entstehen heute sogar Protestbewegungen als Form der Anpassung. Schwarmintelligenz wird das genannt und führt dazu, daß die Aufgabe eigenen Denkens sozial estimiert wird. Aber wenn der Angepaßte sich eines Tages auf die Suche seiner Persönlichkeit begibt, wird er bemerken, daß sie schon lange verkümmert und beerdigt ist.

Selbstachtung

Hohe Selbstachtung findet ihren Grund in der Annahme, man selbst wäre eine Ausnahme; sie kann also der Nachweis mangelnder Selbstkritik sein. So wie sich die Kritik meist gegen andere richtet, so richtet sich auch das Streben nach Anerkennung ebenfalls häufig auf andere, seltener auf sich selbst. Durch Selbstkritik zur Selbstachtung zu kommen, ohne Hochmut zu entwickeln, das wäre Glück.

Selbstdarstellung

Durch die zunehmende Mobilität und die sich verkürzende und immer häufiger wechselnden Gruppenzugehörigkeiten wird die Selbstdarstellung immer wichtiger. War man früher in eine Gemeinschaft hineingeboren, so konnte man nichts darstellen, was man nicht war. Eine soziale Mimikry war zum Scheitern verurteilt. Heute gibt es Virtuosen der Selbstdarstellung, denen oft der soziale Aufstieg gelingt und man dann verwundert feststellt, daß die erwartete Substanz nicht da ist. Kompetenz ist eben schwerer zu prüfen, als Erscheinungsform. So entsteht eine Wirklichkeitsillusion durch die Inkompetenz-kompensationskompetenz, eine Welt der Surrogate.

Selbstvertrauen

Das rechte Maß an Selbstvertrauen zu finden ist außerordentlich schwierig. Von sich selbst zuviel und den anderen zu wenig zu halten, wie es Eitelkeit und Dünkel fördern, führt zur Ruhmseligkeit. Weit verbreitet ist das Gegenteil. Die eigenen Dinge und Fähigkeiten gering schätzen, die der anderen aber hoch. Gelingt etwas, so ist es der Umstand, gelingt einem anderen etwas, so ist es dessen Fähigkeit. Die Folge dieser Sicht sind Neid und Unzufriedenheit. Vielleicht ist es am sichersten, aus den Folgen das Maß des Selbstvertrauens abzulesen.

Sexualmoral

Die herrschende Sexualmoral prägt wesentlich die Sozialstruktur einer Gesellschaft, da in der Sexualität auch ein Aspekt der Macht liegt. Knabenliebe im alten Griechenland, heute verboten, weitgehende Bestimmung der Frau durch den Mann, z.B. bei Annahme einer Stelle bis Mitte des vergangenen Jahrhunderts, heute vehement öffentlich bekämpft. Die Sexualität, eigentlich etwas Privates, wird in exhibitionistischer Weise mit all ihren Abarten öffentlich präsentiert. Da erhebt sich die Frage, ob die Sozialstruktur nicht mittlerweile die Sexualität prägt oder ob die, die sonst nichts können hier eine Möglichkeit sehen, öffentlich wahr genommen zu werden, wie beim Kirschkernweitspucken.

Sicherheit

Sicherheitsdenken bestimmt jetzt die Menschen: Vorratsdatenspeicherung wird akzeptiert, weil es der Sicherheit dienen soll; jederzeit wird Terror, Attacken, Kollisionen, marodierende Jugendbanden befürchtet. Vor 40 Jahren war die Gesellschaft noch vom Wunsch der Freiheit bestimmt. Das Sehnen nach Freiheit ist auf die Zukunft gerichtet, der Wunsch nach Sicherheit geht aber vom Tod aus, ist also rückwärts gewand.

Sitte

Die in der Überlieferung ausgestalteten Verhaltens-normen werden zunehmend mißachtet und dies dann als Ausdruck individueller Freiheit angesehen. Die meisten dieser in der Gewohnheit wurzelnden Normen und Regeln dienen jedoch dem reibungslosen Verhalten in der Gesellschaft und werden als Höflich-keit empfunden. Durch die erweiterte Sicht des Ein-zelnen auf andere Gesellschaften relativieren sich diese Normen. Aber so wie man sich im Frieden anders verhält als im Krieg, in der Sauna anders als bei einer Vernissage, so kann man in verschiedenen Ge-meinschaften sich als Teil verschiedener Kulturen be-trachten, ohne innerlich zu zustimmen. Für die Arten-vielfalt sind fast alle, für die Kulturvielfalt nur wenige.

Skeptiker

Das Ärgerliche an den Skeptikern ist, dass sie die gewohnten und damit bequemen Überzeugungen prüfen. Da aber Überzeugungen keine objektivierbare Ursache oder Grundlage haben, nötigen sie damit die anderen, sich ein neues Weltbild zu suchen. Um dieser Zumutung zu entgehen, wird Skeptikern mit Miß- oder Verachtung begegnet. Dankbarkeit kann nicht erwartet werden. Das Phänomen ist nicht neu, denn schon vor 2.500 Jahren wurden sie als Hunde - Zyniker - bezeichnet, also öffentlich - neudeutsch - gemobbt. Der mobbende Pöbel ist vergessen, aber die Zyniker haben die Welt verändert, sind heute noch bekannt.

Sklaven

Der moderne Sklavenhalter ist der Staat. Zwar sagt er seinen Bürgern sie seien frei, aber in der Abgabenordnung hört die Illusion auf: Im § 143 schreibt er unverblümt: "Die Grundrechte auf körperliche Unversehrtheit und Freiheit der Person (Artikel 2 Abs. 2 des Grundgesetzes), des Briefgeheimnisses sowie des Post- und Fernmeldegeheimnisses (Artikel 10 des Grund-gesetzes) und der Unverletzlichkeit der Wohnung (Artikel 13 des Grundgesetzes) werden nach Maßgabe dieses Gesetzes eingeschränkt." Gut, dass kaum jemand die Gesetze kennt.

Sollen

Die Interlektuellen haben sich von ihrer Führung der Gesellschaft verabschiedet. Wahrscheinlich war es

ihnen zu anstrengend in einer liberalen, demo-
kratischen Gesellschaft mit der ständigen Betonung
der Selbstbestimmung Sorge zu tragen, daß in den
vielen leeren Köpfen das objektive Sollen zu einem
Wollen wird. So wird immer mehr vom objektiv
Gebotenem sanktionsbehaftet in Gesetze gegossen und
ein ehemals freier Staat wird zur Erziehungsanstalt.

Sozial

Wenn jede Unterhaltung über Soziales mit der Frage
begänne, wer sozialer sei, der der nimmt oder der der
gibt, so könnte viel Zeit gespart werden. Da auf
diesem Feld sich jeder sozial geben will, werden die
Rechte und Ansprüche recht weit gesehen, die
Pflichten oft neglegiert. Der Staat soll es richten, aber
auch er kann nur verteilen, was er zuvor jemanden
weg genommen hat. Besteht eine Hol- oder
Bringschuld? Kann man nicht Bitte und Dank
erwarten?

Sozialismus

Die Menschenverachtung des Sozialismus ist ebenso
groß wie im Kapitalismus, daher muß seine
Menschenfreundlichkeit immer wieder betont werden.
Unter dem Signum der Gleichheit, die die größte
Ungerechtigkeit darstellt, wird jedem das Gleiche
zugeteilt, da davon ausgegangen wird, daß die
Bedürfnisse gleich sind. Das Individuelle des
Menschen wird und muß geleugnet werden. Wünsche,
Hoffnungen, Streben und Sein des Menschen werden
normiert. D.h. der Mensch wird seines eigentlichen

Menschseins beraubt und wird letztendlich nur als Arbeitskraft wahrgenommen. Da er in Staatsgebilden vor sich geht, können nur sich selbst für besonders erleuchtet Haltende die Marschrichtung vorgeben; da ist sie wieder, die Arroganz der Macht.

Sozialneid

Der Sozialneid ist unproduktiv. Er zielt darauf ab, dass dem anderen etwas nicht zusteht, es ihm im Sinne der Gleichheit weggenommen werden müsse. Produktiv wäre es, wenn man sich für den anderen freuen würde und sich bemühen würde, was auch immer es sei, es auch zu erhalten. Hierzu müßte nicht einmal als Grund die Gleichheit aufgegeben werden. Früher Todsünde, heute common sense.

Spezialist

Heute belehrt eine Heerschar von Spezialisten die Gesellschaft: Spezialist für Terrorismus, Fachmann für Schmerztherapie, Moral, Ethik, Kunst oder was auch immer. Kennzeichnend für den Grad des Spezialisten ist, dass er möglichst viel von möglichst wenig versteht. Um aber den Terrorismus oder den Schmerz zu erkennen oder zu behandeln, müssen die Ursachen gefunden und erkannt werden. Aber gerade hierzu ist ein breites Wissen nötig. Hat man nur ein schmales Wissen, wird man immer dieselbe Ursache finden, denn wenn man nur einen Hammer hat, sieht jedes Problem wie ein Nagel aus. Wegen dieser Art von Verläßlichkeit wird den Technokraten des Geistes vertraut.

Sprachbilder

Die Sonne geht unter. Ein Satz für jeden verständlich, obwohl voller Fehler. Wir wissen, daß die Sonne sich im Bezug zur Erde nicht bewegt, sondern die Erde sich dreht, sie ist auch kein Lebewesen , weshalb sie nicht geht etc. In den Sprachbildern wird am deutlichsten, daß es so etwas gibt, wie einen Gemeinschafts-strukturalismus, ein kollektiver Wahn als Illusion der Wirklichkeit. Ob man will oder nicht, das verbindet.

Sprache

Mit der Sprache etikettieren wir die Erscheinungen und erwarten eben diese Etikette von den Dingen. Wir schreiben der Wirklichkeit Eigenschaften vor, die sie nicht hat. Wir sprechen vom Winteranfang und sind empört, wenn er nicht eintrifft. Daneben kommt es zur Verflachung der Sprache, zur Verarmung. Bei der bestehenden Interdependenz zwischen Sprache und Denken drängt sich der Verdacht auf, daß damit auch das Denken verflacht. Nachdem bemerkt wurde, daß auch Grunzlaute ausreichen, um im Supermarkt einzukaufen – „So!muß Technik" – wird das Absinken des Niveaus hingenommen mit dem Hinweis, daß sich Sprache eben entwickelt. Dies ist natürlich falsch, denn die Sprache macht garnichts, wir sind es, die die Sprache formen und wir sollten nicht freiwillig in die Verarmung von Sprache und Geist gehen.

Sprachlogik

Die Systematik in der deutschen Sprache ist nicht sehr hoch. Besonders bei zusammengesetzten Wörtern treten Probleme auf: Olivenöl wird aus Oliven hergestellt, Maisöl aus Mais, Babyöl…, ein Autovertreter verkauft Autos, ein Volksvertreter….Das Weib ist nach dem Geschlecht nicht weiblich. Die Vorsilbe un- verneint die Wortbedeutung: logisch – unlogisch; kann aber auch verstärken Tiefe – Untiefe, Menge – Unmenge, ja sie kann sogar überhaupt nichts mit dem Wort zu tun haben: Rat – Unrat, verfroren – unverfroren. Da wundert man sich, dass Verständigung doch manchmal gelingt.

Sprachtabu

In unserer vermeintlich freien Gesellschaft gibt es eine zunehmende Zahl von Sprachtabus. Nicht dass über die Dinge geschwiegen würde, sondern durch Euphemismen, Paraphrasierungen, Umschreibungen oder andere kunstvolle Formen wird verhindert, zum eigentlichen Kern eines Problems vorzudringen. So werden Preise schon lange nicht mehr erhöht, sondern angepaßt. Würde man den geistigen Aufwand, der hierfür getrieben wird, zum Lösen der Probleme einsetzen, blieben nur wenige ungelöst.

Staat

War der Staat am Anfang nur für die äußere und innere Sicherheit zuständig und der Bürger zahlte ihm dafür einen geringen Teil seines Einkommens, so hat er inzwischen eine Vielzahl von Funktionen übernommen. Er ist für die Gesundheit, das Soziale einschließlich der Mildtätigkeit zuständig, hat sich dafür zuständig gemacht und wurde dafür zuständig gemacht. Für diese Ausgestaltung seines Lebens zahlt der Bürger einen wesentlich höheren Preis. Ein schlechtes Geschäft, wenn man bedenkt, dass der Verzicht auf die Gestaltung des eigenen Lebens, Aufgabe der Freiheit und Verantwortung auch noch bezahlt werden muß.

Staatsmißtrauen

Das Mißtrauen des Staates gegen seine Bürger ist grenzenlos. Es genügt ihm nicht, dass man ihm sagt, wer man sei, sondern der Bürger hat jederzeit eine vom Staat ausgefertigte Vollmacht vorzuweisen, um sich auszuweisen. Der Staat schickt dem Bürger maschinell erstellte Schreiben, die auch ohne Unterschrift gelten, fordert aber von ihnen ein, dass sie die Richtigkeit ihrer Angaben mit ihrer Unterschrift versichern. Kurzum, der Staat schätzt die, die ihn ermöglichen denkbar gering, ohne nennenswerte Gegenwehr derer. Dies führt zu einer zunehmenden Überwachung, die auch noch als Aufsichtspflicht gelobt werden soll.

Standard

So wie eine Festlegung der Materie durch Normen und Regeln zu einer empfunden „Höflichkeit" der Materie führt, wird auch versucht dies dem Menschen überzustülpen. Die Welt wird hierdurch sicherlich einfacher und übersichtlicher, aber auch ärmer und zwanghafter. Für Gesellschaften ist sie günstig, verhindert auch die Änderung, für den einzelnen

Menschen sind sie aber einengend. So entwickeln sich in unserer standardisierten Gesellschaft immer mehr uniformierte Nonkonformisten. Dies macht sich auch bemerkbar, indem alle das Gleiche besitzen, nur von unterschiedlichen Marken.

Statistik

Die Mathematik des Glückspiels wird benutzt, um geschätzte oder ungewisse Ausgangswerte auf ein Zehntel Prozent genau zu berechnen, um so mittels Mythos der Zahl Zuverlässigkeit vorzutäuschen. So werden für viele Lebenssituationen Prozente angegeben, zum Beispiel für Krebserkrankungen die 5 – Jahresüberlebensraten. Sie sagen für den Einzelfall überhaupt nichts, denn nicht 60% des Körpers überleben, sondern der Patient ganz oder gar nicht. Statistik verachtet den einzelnen Menschen, indem sie ihm seine Individualität stiehlt. Die Politik aber lebt davon, indem sie von den Statistiken lebt: Das Durchschnittseinkommen steigt, sagen die einen; dem halten die anderen entgegen, dass es immer mehr Reiche gäbe, aber auch mehr Arme. Es wird aber nicht mehr nach den Ursachen gesucht, sondern nur noch nach Wegen, die Statistik zu ändern: Leben an der Oberfläche.

Sterben

Das wohl Schlimmste am Sterben, besonders wenn es ein vom Alter oder Krankheit geprägter längerer Prozeß ist, ist wohl der zwangsweise eintretende Verlust der Illusion von der menschlichen Autonomie, die während des ganzen Lebens aufrecht erhalten wurde. Ein früherer Verlust dieser Illusion führt zur Depression und weitgehenden Handlungsunfähigkeit.

Steuer

Die Staaten erheben immer mehr Steuern und immer weniger Abgaben. Die Steuer ist gekennzeichnet durch weggenommenes Geld, ohne dass dies mit einer Gegenleistung oder auch nur einer Gebundenheit an einen Zweck verknüpft ist. Der Begriff Steuer kommt aus dem Althochdeutschen und meinte zunächst Stütze im Sinne von Unterstützung, Hilfe. Dies zeigt auch das Selbstverständnis des Staates, der früher eben unterstützt wurde. Heute nimmt er den Bürgern durch direkte und indirekte Steuern den überwiegenden Teil ihres Einkommens ab und muß dann die verarmten Bürger unterstützen. Je mehr Geld der Staat seinen Bürgern abnimmt und ihnen wieder zukommen läßt, verbunden mit klaren Auflagen zur Lebensführung, als desto sozialer wird er angesehen. Das Ziel ist: 365 Essensmarken und ein Anzug pro Jahr.

Stillstand

Jede Art von Stillstand muß überwunden werden, Reform, Dynamik, Geschwindigkeit, Bewegung sind die Leitsterne der heutigen Zeit. Vorher galt für Tausende von Jahren, das was sich nicht änderte, was nicht den Schwankungen des Zeitgeistes unterlag, als wahr und verbindlich. Nicht mehr das Neue muß den Nachweis des Besseren erbringen, sondern oberste Prämisse ist die Veränderung an sich geworden. Wie oft, liegt das rechte Maß dazwischen.

Stimmung

Die Stimmung ist zum zentralen Element der Politik geworden, die eigentlich nur noch als Stimmungsverstärker tätig ist. So wird politisch möglichst schnellstmöglich um-, aus- oder eingestiegen. Für Abwägen oder Argumente reicht die Zeit nicht mehr, da schnelles Handeln oder das Sprechen vom schnellen Handeln das Wichtigste ist. Und dies, obwohl die Menschen noch nie so lange lebten, wie heute.

Streit

Streit entsteht durch eine unterschiedliche Wertung der Prämissen, also unterschiedlicher Orientierung oder Bewertung eines Sachverhaltes. Einer Vielzahl von Menschen ist es aber nicht möglich, aufgrund fehlenden Intellekts und mangelnden Selbstbewußtseins ursächlich eine Klärung anzustreben und sie weichen daher auf Nebenkriegsschauplätze aus und sei es durch Unterstellung oder Angriff auf die Person. Auf dieses Niveau sollte man sich nicht herunterziehen lassen, denn dort wird man durch die Erfahrung der Dummen geschlagen, sondern sich sagen, daß ein Wettstreit nicht möglich ist, der Gegner nicht satisfaktionsfähig ist, da er keine Waffe besitzt.

Sudetendeutsche

Seit Jahrhunderten lebten Deutsche in Böhmen, Mähren und im österreichischen Schlesien und hatten wesentlichen Anteil an der Entwicklung der Länder.

Sie konnten und haben Hitler nicht gewählt. Die Besetzung des Sudetenlandes vor Beginn des zweiten Weltkrieges traf auch sie, wenn auch nicht in dem Ausmaß, wie die Tschechen. Gehobene Posten wurden durch Reichsdeutsche besetzt. Am Ende des Weltkrieges wurden ihnen nicht nur alles weggenommen, sondern es wurde per Gesetz straffrei gestellt, wer einen Deutschen erschlug. Hiervon wurde viel tausendfach Gebrauch gemacht. Diese Gesetze gelten formal heute noch. Tschechien ist Mitglied der Europäischen Union, einer so genannten Wertegemeinschaft.

Surrogat

Der Mensch wünscht sich Gesundheit und bekommt Medizin. Er wünscht sich Gerechtigkeit und erhält Justiz. Aber am aller schlimmsten: Er sehnt sich nach Glück und man gibt ihm Spaß. Das ist besonders gefährlich für ihn, da Spaß nur eine kurz wirksame Droge ist und daher ständig erneuert werden muß. Manch Schwacher wird süchtig und vergißt darüber sein ursprüngliches Ziel. Diese Abhängigkeit läßt sich gesellschaftlich vielfach nutzen und wird daher unterstützt.

Systematik

Bei der Systematik wird meist vergessen, daß sie von außen den Dingen oder Sachverhalten angetragen wird. Sie ist willkürlich, auf das Offensichtliche, leicht Erfaßbare gerichtet, was aber oft nicht das Wesentliche ist. Diese Ordnung gewährt die Illusion des

Verstehens, auch wenn sie garnichts klärt oder erklärt. Sie dient aber als Hilfe bei der Kommunikation, einer möglichen Vorstufe des Verstehens.

Tabu

Tabus wurzeln in Überzeugungen. Deshalb stehen sie der Ratio nicht zur Disposition. Quellen können im Glauben, im Aberglauben, aber auch im Wissen oder Erfahrung liegen. Tabus wandeln sich, sind unterschiedlich von Gesellschaft zu Gesellschaft. So sind Tabus dem einen Sinn, dem anderen Unsinn, ohne dass ein klärendes Gespräch möglich ist.

Talkshow

Was am Anfang als gelegentliche, harmlose Plauderei unter Prominenten begann, ist zu einer Dauerberieselung geworden. Die Prominenten wurden ersetzt, was die Produktion weiter verbilligte, und die Themen wurden zunehmend skurriler und banaler. Es gibt keine Schamgrenze mehr sein verkorkstes, sinnloses Leben mit dem Zuschauer zu teilen, der sich ohne Piercing, Tattoo, sexueller Deviation oder plastischer Operation fragt, ob er normal sei. Stripperinnen, sexuelle Exoten, Busenwunder, Obdachlose und Krawallbrüder äußern sich zu allem zwischen Kultur und Körperhygiene, zwischen Politik und Potenzschwäche. Da hilft es auch nichts, wenn in einer Fassadendiskussion die Wörter Demokratie und Toleranz bemüht werden. Beim Zuhörer entsteht das Gefühl, klüger zu sein als die, denen er zuhört, was manch einen süchtig nach solchen Sendungen werden läßt.

Tatsachen

In der Wissenschaft wird etwas systematisch beobachtet und aus den Ergebnissen Schlüsse gezogen. Die Schlüsse werden als Tatsachen gehandelt, obwohl sie falsch ´sein können, da die Schlüsse von Überzeugungen geprägt sind. Will man nur einen Disput gewinnen, sind sie hilfreich; will man aber Wissen, sollte man vorsichtig sein und sie eher als gegenwärtigen Stand der Irrtümer sehen..

Täuschung

Von der verwandten Mühe läßt sich bedingt auf die erachtete Bedeutung des Zieles schließen. So muß Täuschung in unserer Gesellschaft hohe Bedeutung haben, denn es gibt hierfür sogar eigene Branchen: Kosmetik, Werbung, Rhetorik u.v.a. Auch wenn man den zentralen Maßstab der Gesellschaft, den Euro, an diese Branchen anlegt, wird die Wichtigkeit offensichtlich.

Terrorist

Sobald die internationalen Truppen in Afghanistan einfielen wurden aus den vormaligen Freiheitskämpfern Terroristen. Ob sie Rebellen, Widerstandskämpfer oder Terroristen genannt werden, sagt zunächst nur etwas über den Sprecher aus, besonders wenn ein Selbstmordanschlag feige genannt wird. Auf die Verbreitung von Angst und Schrecken setzt auch der Rechtsstaat durch seinen Strafvollzug.

Theorie

Die Theoriebildung tendiert immer mehr von der Induktion, der Empirie zur Deduktion, dem kreativen Aufstellen einer Hypothese. Dies ist weniger mühselig und die anschließende Überprüfung kann man getrost einem anderen überlassen. Einwände kann man ignorieren. Dies wird dann als Erfolg gewertet, wenn man das Sinnvolle dem Rentablen opfert. So macht auch die Theorie eine Wandlung von Wissenschaftstheorie zur Weltanschauung durch. So wandelt sich die Theorie vom vereinfachten Bild der Realität zur Esoterik. Diese ist in den Medien auch viel wirksamer.

Tod

Die meisten Menschen trifft der Tod bereits nicht mehr lebend an. Meist verläßt der Geist, die Persönlichkeit bereits früher den Körper. Sterben ist ein Vorgang und kein punktuelles Ereignis, es sei denn es wird von außen herbeigeführt oder ein dramatische Erkrankung beendet das Leben, wie Infarkt oder Embolie. Damit wird dem Sterbenden und den Hinterbliebenen es meist leichter, den Tod anzunehmen.

Toleranz

Die ursprüngliche Bedeutung der Toleranz - eine andere Meinung zu ertragen - ist längst einer Beliebigkeit, einer Wurstigkeit gewichen. Dieses, alles zu zulassen, ist mehr ein Hinweis auf eine Interesselosigkeit an den Dingen ohne eigenen

Standpunkt, denn ein Erdulden, trotz eigenem Standpunkt. Diese Haltung ist natürlich angenehm, kommt dem Harmoniebedürfnis entgegen, bedeutet aber den Verzicht auf die Persönlichkeit.

Tourismus

Der Tourismus sucht das Andere, das Exotische. Und wenn er es dann gefunden hat, so muß man schnell sein, denn alsbald werden konfektionierte Hotels, ebensolches Essen, Kleidung, Gebräuche eingeführt und ein verbleibender Rest an Originalität durch Organisation zerstört, denn die, die das bezahlen, möchten es, möglichst weit weg von zuhause, so haben, wie zu Hause. Kultur ja, aber bitte im Museum, außerhalb ist Zivilisation gewünscht. Konfektion aber verhindert Überraschung.

Tradition

Tradition ist das Verhalten der Toten beizubehalten. So haben auch sie ein Stimmrecht in unserer Gesellschaft. Tradition darf aber nicht zum Dogma der Bequemlichkeit werden, sondern es ist zu prüfen, welche Traditionen gut sind und welche nicht. Jedoch hat das Neue die Pflicht, den Nachweis zu führen, dass es besser sei als das Bewahrte. Von manch Altem aber wird das Einhalten der Tradition angemahnt, damit die neue Generation nicht besser werde als die vergehende.

Transparenz

Transparenz nennt man heute gläserne Mauern. Man sieht die Veränderung, ohne eingreifen zu können. Es ist das Surrogat für Demokratie. Von der fernsehenden Nation all abendlich geübt, langt das Gefühl dabei zu sein. Die Illusion von Demokratie wird gestärkt durch die Dauerberieselung von Umfrageergebnissen. Wer die wenigen sind, die wirklich entscheiden bleibt im Dunklen. Platzhalter treten dann auf und verkünden deren Entscheidungen als mutmaßlichen Willen der Mehrheit.

Triebfeder

Die Gier nach Neuem ist die wohl stärkste Triebfeder für Wissenschaft, die keine Grenzen toleriert. Sie entwickelt sich vom Individuum, dessen persönliche Interessen und führt zur Erkenntnis von Natur und Metaphysik, also von innen nach außen. Aber der Weg wird zunehmend in der sogenannten Wissenschaft umgekehrt: Die Ziele werden von außen gesetzt und das Interesse des Individuums hiermit bestimmt, denn die akademische Karriereplanung muß Förderung von Strukturen und Projekten berücksichtigen. Neugier wird durch Kommunikation, Vermarktung und Vernetzung ersetzt. Erkenntnis ist hierdurch nicht zu erwarten.

Tugend

Tugend ist eine Haltung, die von vernünftiger Entscheidung getragen ist und das Gutsein einer wesentlichen Eigenschaft erstrebt. Dies sind für Wissen-schaftler und Krieger unterschiedliche Eigenschaften. Wichtig ist das Maß, zwischen Tollkühnheit und Verzagtheit den Mut zu treffen. Tugend ist ein in Ver-gessenheit geratender Begriff, obwohl er heute nötiger denn je wäre. Mobilität und Anonymität heute macht es leichter, herrschende Moralnormen ohne Bestrafung zu brechen. Der tugendhafte Mensch verhält sich aus eigenem Antrieb moralisch. Ziel ist das gelingende Leben: Gut für einen selbst und die Gemeinschaft.

Überzeugung

Die meisten Überzeugungen sind rational nicht begründbar, da sie weit überwiegend auf weiteren Überzeugungen hergeleitet werden. Dennoch werden gerade sie mit Gewalt durchgesetzt. So wird zum Beispiel heute die Demokratie mehr oder weniger gewaltsam installiert, da man in den mächtigen Nationen der Überzeugung ist, dass Demokratie einen Wert darstellt. Gestern war es häufig die Religion.

Umweltschutz

Obwohl Umweltschutz und Naturschutz auf den ersten Blick vieles gemeinsam haben, sind sie eigentlich Feinde. Wie sollte sich auch ein Gefühlsmensch mit einem Techniker verstehen? Während letzerer ein Biotop zu schützen sucht, versucht ersterer die ganze Welt zu retten. Letzteren sind die zerhackten Vögel durch die flächendeckenden Windmühlen egal, denn es geht darum die gefährliche Atomkraft entbehrlich zu machen, ohne mehr Kohlendioxid in die Luft zu blasen. Aber wie viel Kohle wird für die Stahlgiganten verbrannt?

Uniform

Hüllt man den Menschen in eine Uniform, so uniformiert man auch sein Denken. Viel häufiger aber ist der umgekehrte Weg: Uniformierte Geister geben sich ein gemeinsames Aussehen, von Rechtsradikalen bis zu Fußballanhängern; es gibt sogar die uniformierten Nonkonformisten. Häufig wird so etwas demonstriert, was man nicht ist, aber sein möchte. Dies geht so weit, daß man Plastische Chirurgen veranlaßt ganze Menschen zu fälschen.

Universität

Die Universität besteht nur noch dem Namen nach und ist zur Berufsschule degradiert worden durch die kindliche Frage: Was bringt uns das?, die die Grundlage politischer Entscheidungen darstellt. Nur was künftige Steuerzahlungen erwarten läßt, wird gefördert: Tourismus, Pferdewissenschaft oder Mechatronik. Wissen an sich gilt nicht mehr als Wert. Nicht die Universitas, die Gesamtheit, sondern die Spezialisierung ist das Ziel.

Urteil

Aus Schafdarm bestrichen mit Roßhaar kann wunderbare Musik entstehen, ebenso wie aus Ochsenblut, -urin oder -galle die schönsten Gemälde. Dennoch erzeugen die Einzelkomponenten eher Abscheu. So können wir hieraus lernen wie unsicher unser jeweiliges Urteil ist und zudem, daß das gedankliche Zergliedern komplexerer Sachverhalte nicht immer sinnvoll ist. Ähnlich verhält es sich mit den Eigenschaften des Menschen: als schlecht empfundene Charaktereigenschaften können sich zu einer gelungenen Gesamtpersönlichkeit zusammen fügen.

Verallgemeinerung

Um uns in der Welt zurecht zu finden, brauchen wir Generalisierungen, Verallgemeinerungen. Wir leugnen damit die Individualität des Einzelnen. Wenn wir von den Steinen sprechen, mag das in den meisten Fällen noch keinen Schaden anrichten. Aber sicher anders ist es bei den Menschen. Das Lernen aber Menschen nicht, selbst wenn sie von Verallgemeinerung in fürchterlichster Weise betroffen waren: Die Juden sprechen von "den Deutschen", "den Arabern", "den Islamisten" usw. und ordnen ihnen bestimmte Verhaltensweisen zu. Hiermit wird zwar ein Gemeinschaftsgefühl hergestellt, bringt aber unnötige Zwietracht in die Welt.

Verantwortung

Verantwortung kann nur als Antwort auf die Fragen nach den Folgen auftreten. Leichter lebt es sich ohne diese Fragen, allerdings ist dann mit Spätschäden zu rechnen. Die Antworten sind auch bei bester Absicht dennoch nicht immer zutreffend. Dies kann in der Schwierigkeit des Sachverhaltes oder in der Person des Antwort Suchenden liegen und sei es, dass er die falschen Fragen stellt. Manchmal werden auch vorsätzlich die falschen Fragen gestellt, um Verantwortung zu simulieren.

Verdummung

Es wird viel von Verdummung gesprochen und geschrieben. Schuld ist der Computer, das Fernsehen oder was auch immer. Es lassen sich endlose, fruchtlose Diskussionen führen: „Das Lesen unterfordert die Sinne und führt zur sozialen Isolation" etc. Wahrscheinlich war früher der Prozentsatz der Dummen genauso hoch wie heute, es fiel aber nicht auf, da die Dummen nicht stets das Wort ergriffen. Die militante Prämisse der Pseudodemokratie, daß alle gleich wären und nur die sozialen Bedingungen zu Unterschieden führen würden, war noch nicht geboren. So gab es den Klassendepp, mit dem man Fußball spielte, den man aber nicht um Rat fragte.

Verfassung

§ 146 GG: "Dieses Grundgesetz...verliert seine Gültigkeit an dem Tag, an dem eine Verfassung in Kraft tritt..." Deutschland hat also keine Verfassung, aber ein Bundesverfassungsgericht und ein Bundesamt für Verfassungsschutz. Das ist typisch für diesen Staat, es werden sogar Dinge überwacht und geregelt, die es gar nicht gibt.

Vergangenheit

Früher war eben alles besser. Seit es Überlieferung gibt, war stets das vergangene Zeitalter das goldene. Selbst im Krieg stand das Menschliche noch höher im Kurs. Wie kann sich diese Ansicht seit Menschen Gedenken halten, obwohl es objektiv anders ist?

Gott, die Natur, das Schicksal oder der Zufall haben es gnädigerweise so eingerichtet, dass dem Hirn leichter die schrecklichen Erinnerungen entgleiten, als die schönen, bewegenden Momente. So bleiben dem Alten die lustvollen, schönen Tage der Jugend und nicht die hormongesteuerten Problemjahre als Trost und zur Erbauung.

Vergleich

Für viele Menschen beginnt das Unglück mit einem Vergleich. Sie vergleichen sich mit einem Milliardär, einem Sportler oder Schauspieler und sehen sich vom Leben benachteilt, weil ihnen vom Schicksal Geld, Schönheit oder irgendwelche Fähigkeiten vorenthalten wurde. Dabei könnte der Vergleich allzu leicht der Beginn eines Glückes sein, denn wir müssen nicht hungern, einen Krieg erleben oder, oder. So findet man im lächelnden Gesicht eines indischen Bettlers oft mehr Lebensklugheit als in dem Gesicht eines mürrischen, gierigen, unzufriedenen Europäers.

Verhalten

Mit dem Leben in immer größeren Verbänden, die zudem wechseln, hat der Mensch sein Verhalten verändert. War es in einem kleinen überschaubaren Rahmen, den man auch kaum während seines Lebens änderte, sinnlos den anderen Gruppenmitgliedern etwas vorzuspielen, da sie einen ja ohnehin kannten, wurde und wird es immer wichtiger, soziales Mimikry zu beherrschen. So ist derselbe Mensch ein anderer im Sportklub, im Büro oder im Theater. Meister dieses

Faches sind Politiker, die sich jeder Situation so gut anpassen, dass selbst ein Chameleon blaß bleibt. Da dieses Verhalten erfolgreich ist wird es verstärkt und so wird die Aufgabe des eigenen Charakters prämiert.

Verschulung

Die Verschulung von allen zu jeder Zeit, vom Kindergarten über Schulen, Universität bis zur Fort- und Zwangsweiterbildung führt zwar zu einer homogenen Vergesellschaftung des Individuums, aber gleichzeitig zur Verdummung, da die individuellen Fähig- und Möglichkeiten brach liegen. Gerade außerordentliche Talente bleiben ungenutzt, da sie beim notwendigen Bezug auf die Mittelmäßigkeit, nicht entdeckt werden. Nur manchmal brechen sie dennoch durch und lassen sich nicht unterdrücken.

Voraussage

Um Wissen zu schaffen wird das Vergangene oder Gegenwärtige einer Untersuchung unterzogen. Dieses tut man in den meisten Fällen, um eine Aussage über die Zukunft machen zu können. Hierin liegt die Forderung nach nützlichem Wissen, denn nur wenn man die Folgen einer Handlung voraussagen kann, ist eine vernünftige Entscheidung zur Handlung möglich. Daher läßt sich aus der Vorhersage der Stellenwert einer Wissenschaft festlegen: Physikalische, chemische Vorhersagen treffen nahezu stets ein, die Metrologie holt auf, die Medizin liegt im Mittelfeld, weiter hinten Wirtschaft, Kunst, Theologie und andere.

Vorschrift

Das ist doch Vorschrift! Damit läßt sich jede Diskussion umgehen. Den Sinn einer Vorschrift infrage zu stellen, ist ein Sakrileg. Hier wird so recht die Diktatur des Kleinbürgers deutlich. Die Inkarnation des Kleinbürgers ist der Beamte. Eine Vorschrift gilt für ihn, sobald eine höhere Besoldungsstufe als er selbst sie aufgestellt hat. Da ist er unbestechlich, nicht einmal Vernunft nimmt er gegenenfalls an. Für sein Handeln keine Verantwortung zu übernehmen, nennt er Zuverlässigkeit.

Wahrheit

Als wahr wird erachtet, was die Mehrheit glaubt; Wahrheit ist demokratisch geworden. Hierzu trägt auch das freie, demokratische Internet bei. Es kann der größte Unsinn eingegeben werden und wenn er dem Wollen, dem Wunsch der aktiven Mehrheit entspricht, so entsteht eine neue Wahrheit und jede abweichende Meinung wird bestraft: Du bist kein Freund mehr. Hierdurch wird die Scheinwelt noch mehr ihrem Namen gerecht: Die Wahrheit richtet sich nicht nach der Mehrheit. Aber dies Verhalten wirkt, es ist eine Wirklichkeit entstanden, die aus der Scheinwelt in die Wirklichkeit wirkt.

Wahrscheinlichkeit

Die Mathematik des Glücksspiels ist für das Individuum ungeeignet, wird aber in den Produktionsorten des Wissens mit Vehemenz betrieben. Die Wahrschein-lichkeitsrechnung ignoriert die individuellen Gegeben-heiten des Untersuchten bis auf die Aspekte, die sie untersucht. Nahezu regelhaft wird das Risiko, dass etwas eintritt aber von einer Vielzahl, teils unbekannter Größen beeinflußt. Was hilft es da, wenn man z.B. weiß, dass durchschnittlich 3% nach einer bestimmten Operation sterben? Es erwischt einen ganz oder garnicht. Hier ist das eigen Herz, das fehlende Können des Operateurs, die Unaufmerksamkeit des Anästhesisten oder anderes unvorhersehbar und alleinig entscheidend.

Weihnachten

Einer der wenigen kontemplativen Momente in der christlichen Kultur war die Adventszeit. Dies Moment wurde durch Aktivität und Konsum vertrieben. So ist die Verlangsamung des Lebens, die Vorbereitung und Vorfreude auf ein Fest, das Warten, das Erwarten durch permanente Spaßbefriedigung ersetzt worden. Ein Beispiel sind die Weihnachtsmärkte, wo es wurstessende Weihnachtsmänner zu bestaunen gibt, wenn sie nicht gerade vor die Glühweinbude kotzen.

Werte

Werte sind nichts anderes als Wünsche von vielen. So wünschen sich die meisten Ehrlichkeit und Höflichkeit. Dahinter stehen Überzeugungen und keine Tatsachen. Da Überzeugungen meist auf weiteren Überzeugungen fußen, ist eine rationale Diskussion über Werte nicht möglich und verkommt zur Fassadendiskussion. Derzeit werden Werte in Euro ausgedrückt.

Wettbewerb

Der Wettbewerb um Gedanken und Erkenntnis ist durch den Wettbewerb um öffentliche Wahrnehmung und eingelobte Forschungsgelder ersetzt worden. Erfolgreich ist, wer genauso denkt, wie die staatlich anerkannten Intellektuellen, den Sammelbüchsen des derzeit gültigen und zugelassenen Denkens. Egalität steht aktuell hoch im Kurs: Zuwenig Frauen sind Professoren. Wie steht es mit Katholiken, Männern unter 1,70 m oder Demenzkranken?

Wettbewerbsbürokratie

Man findet sie in völlig ungeeigneten Bereichen mit ihrem Mantra - Markt, Wettbewerb, Effizienz - tätig, wie zum Beispiel in der Medizin, Wissenschaft und Ausbildung. Es werden dann ständig inszenierte Wettbewerbe durchgeführt und da Qualität nicht gezählt oder gemessen werden kann, wird sie durch irgendwelche Quantitäten ersetzt. So wird die Wissens- oder Bildungsproduktion gemessen. Das hierbei häufig Sinn durch Unsinn ersetzt wird und der durch das Verwalten ausgeübte Zwang die Freude der Verwalteten an ihrem Tun vertreibt, wird ignoriert. So tritt das Gegenteil des Propagierten ein: Die Leistung und Effizienz sinkt.

Wetter

Das Wetter betrifft die Menschen in Europa immer weniger. Dennoch bleibt es eines der beliebtesten Themen. Dies mag daran liegen, dass es alle gleich behandelt. Damit ist es eines der politisch korrekten Themen und kann von jedem jederzeit ohne negative Auswirkungen für sein Ansehen benutzt werden und ist damit zum "vorsichtige Türeöffnen" geeignet.

Widerspruch

Zuspruch wird regelhaft dankbar aufgenommen. Widerspruch wird oft als ärgerlich empfunden. Zu Unrecht: Entweder er ist berechtigt, so erhält man die Möglichkeit seine Meinung zu ändern, oder er kann als unzutreffend erkannt werden, so geht man in seiner Meinung gestärkt weiter, oder aber es lassen sich beide Positionen begründen, so weiß man, dass die Prämissen unterschiedlich gewichtet werden. Die Schwachstelle ist der Meinungsträger: Wir neigen dazu Ereignisse, die unsere Sichtweise stärken zur Kenntnis als Bestätigung zu nehmen, während wir widersprechende Begebenheiten nicht einmal ignorieren.

Willensfreiheit

Die Neurobiologie glaubt die Willensfreiheit widerlegt zu haben, da sie die Handlungen genetisch fixiert, durch Hormone und Hirnstruktur verursacht ansieht. So hat sie z.B. nachgewiesen, dass die Gewalttätigkeit vom Serotoninspiegel abhängt. Die Gewalttätigkeit ist aber auch abhängig von der Kultur, vom sozialen Status, vom Maß der Deprivation, Frustration etc. Wer nur einen Hammer hat, dem scheint jedes Problem ein Nagel zu sein. Der Mensch als autonomes Subjekt kann sich von diesen Einflüssen, seien sie genetischer, sozialer, kultureller oder psychologischer Natur, befreien, indem er sein Handeln auf Gründe bezieht. Die Frage nach der Willensfreiheit, ist keine Frage nach Ja oder Nein, sondern nach mehr oder weniger, zumal es sonst auch keine Verantwortung gäbe.

Wirklichkeitsillusion

Ohne in philosophische Abgründe zu steigen, fällt auf, daß große Teile der erkennbaren Wirklichkeit ignoriert werden. Selektive Wahrnehmung wird durch political correctness gefördert. Engrammierte Grundhaltungen und Ideologien verstellen den möglichen Blick auf die Realität. Je mehr einer dem täglichen Überlebenskampf enthoben ist, desto mehr Wirklichkeitsillusion kann er sich erlauben, also eine Nebenerscheinung der Wohlstandsgesellschaft.

Wirtschaftswissenschaft

Das zunehmende Gewicht der Wirtschaftler in der Gesellschaft ist leicht erklärt: Wenn man nur einen Bezugsmaßstab hat – den Euro – ist die Welt ganz übersichtlich und Zweifel kommen nicht auf. Diese eigentliche Einfältigkeit ist ein großes Machtpotential, denn der Kluge, der sich auf eine Diskussion einlässt, wird auf dieses Niveau heruntergezogen und dort schlägt ihn der Wirtschaftler mit Erfahrung. Andere Argumente oder Ebenen werden nicht zugelassen.

Wissenschaft

Als die Menschen begannen die Welt systematisch zu erkunden, fragten sie nach dem Grund der Dinge, warum

142

sie geschehen. Im Mittelalter reduzierte sich die Frage auf wie, auf welche Art die Dinge geschehen. In letzter Zeit wird aber nur noch gefragt, was passiert überhaupt. Selbst das Sammeln von irgendwelchen Ergebnissen, und sei es in Befragungen, gilt schon als Wissenschaft. Zwar wird so Wissen geschaffen, aber das eigentliche Motiv, die Welt zu verstehen, ist verloren gegangen.

Wissenschaftsmanagement

Eine weit verbreitete Tätigkeit ist, dass nicht Wissenschaft betrieben wird, sondern, was weniger mühevoll ist, gemanagt wird. Dabei ist Management nahezu das Gegenteil von Wissenschaft. Fragt die eine Sparte ob es funktioniert, so sucht die andere eine Antwort auf die Frage, ob es denn wahr sei. Das eine konzentriert sich auf den Einzelfall, das andere auf die Allgemeingültigkeit. Die einen suchen die Erkenntnis, die anderen wenden sie an. Hierin liegt der Grund warum Wissenschaftsmanager und –funktionäre kaum Ansehen bei den Wissenschaftlern genießen: Jemand, der Erkenntnis an sich für einen Wert hält, kann die kindliche Frage: Was bringt uns das, nicht zulassen.

Wissenschaftsrenaissance

Die auslaufende Renaissance führte nicht nur zu Glaubenskriegen auf den Kriegsfeldern, sondern auch in den Universitäten. Die intensive Diskussion - wie heute, über den einzigen wahren Glauben -, die Interdisziplinarität - hiermit ist der Diskurs zwischen Gelehrten unterschiedlicher Fächer, aber gleicher Religion gemeint-, die internationale Vernetzung - das

Verbünden gegen die Feinde der eigenen Anschauung-führte zu Exzellenzzentren, deren Mitglieder sich zuvor von den anerkannten Fachleuten des wahren Glaubens - den Mächtigen, wie Papst oder Landesvater - akkreditieren ließen, was gleichzeitig die Drittmittel sicherte. Insofern erleben wir an den Universitäten derzeit eine Renaissance der Renaissance.

Wohlstand

Dieser Begriff hat eine starke inhaltliche Änderung erfahren. Das Wohlergehen war früher abhängig von ethischen und religiösen Normen, heute werden darunter nur noch ökonomische Dinge gefaßt. Damit laufen die Menschen als Herde hinter Fernreisen, Elektronik, Autos u.a. hinterher, das Maß beim Essen sind die gefüllten Forellenbäckchen. Wie so oft ist das Erstrebenswerte wohl dazwischen. Ein Mindestmaß an finanzieller Sicherheit und der Weg in Muße zu sich selbst.

Wollen

Wollen und Denken können kaum auseinander gehalten werden, treten vermengt auf. Auch im wissenschaftlichen Denken läßt sich der Wunsch nicht unterdrücken und so richtet sich die Argumentation oft unbewußt nach ihm. So gibt es kein reines Denken, wie es kein reines Wollen gibt, sondern nur Näherungen. Je nach dem wo der Primat liegt könnte man von dellen oder wonken sprechen. Eine Näherung an reines Denken könnte man erreichen, wenn stets die Absicht, das Interesse, das Wollen bewusst wäre.

Wort

War einst das Wort die Vorbereitung einer Tat, so ist es zu deren Ersatz verkommen. Hierzu ist eine hoch innovative Werkstatt für Wortfälscherei entstanden. Hieß es früher, die Wirtschaft schrumpft, so hat sie heute lediglich ein Minuswachstum, die frühere Lüge wurde zur Nachinformation etc. Sind aber die Wörter nicht mehr klar, können die Gedanken nicht mehr klar sein und auch das Handeln ist entsprechend.

Wortrausch

Wortfetischisten können einander in Kommunikationsexstase sagen, was sonst nicht gesagt werden könnte. Der Wortrausch hat Suchtpotential. Aber wenn auch der Primat im originellen Wortgebrauch besteht, so entstehen als Nebenprodukt Gedanken. Durch die Interdependenzen von Sprache und Denken läßt es sich nicht vermeiden. Jedoch versickern diese Gedanken häufig im Selbst, werden als ein Zuviel vom Gesprächspartner nicht einmal ignoriert.

Würde

Die Würde des Menschen ergibt sich aus seiner Selbstbestimmung und der Möglichkeit dazu. Daher kommt der Mensch mit der Potenz zur Würde zur Welt. Sie erwächst dann günstigenfalls aus dem eigenen Bewußtsein und dessen tatsächlicher Umsetzung in das Leben. So gibt es denn auch zwei Möglichkeiten unwürdig zu sein: Ein fremdbestimmtes Leben zu fristen oder sich schlechterdings gegen die Vorstellung des

Menschseins zu verhalten. Beide Möglichkeiten werden aber auch benutzt, um den Menschen zu einem gewünschten Verhalten zu drängen, indem man ihm sagt, was er eigentlich will oder was das Menschsein ausmacht.

Wunsch

Die Wurzel des Wunsches liegt im Gefühl oder im Verstand. Er bleibt kraftlos, seine Erfüllung zufällig, solange er nicht zum Willen wird. Naturgemäß haben es die im Verstand wurzelnden Wünsche leichter, ins Bewusstsein zu gelangen und damit zum Willen zu werden. Ist der Wunsch so zum Ziel von Handeln und Anstrengung geworden, so wird er eher erreicht, aber die Enttäuschung ist auch viel größer, wenn das Ziel nicht erreicht wird.

Wut

Wut ist ein Gefühl, das nur unkontrolliert dem Wütenden schadet. Sie vermag aber große Kräfte frei zu setzen. Daher besteht die Kunst darin, sie im rechten Moment, im rechten Maß, auf die richtige Art gegen den, die oder das Richtige zu wenden, kurz: sie gewinnbringend zu nutzen.

Zahl

Der Mythos der Zahl besteht in dem Glauben an die Unbestechlichkeit der Zahl, obwohl sie nur an der Oberfläche als Instrument wirkt, ohne eine Idee selbst berühren zu können. Obwohl sie ein reines Instrument ist, verschiedenen Dingen denselben Namen zu geben, wird sie häufig im Zirkelschluß beliebig mißbraucht: Man kann bei einem Arzt oder einem Richter die Zeit erfassen, die er braucht, um einen Fall zu erledigen. Krankenhausträger oder Justizministerium werden einen Mitarbeiter, der möglichst viele Fälle pro Zeiteinheit bearbeitet, als guten Angestellten sehen, die Patienten oder Angeklagten werden hieraus den Schluß ziehen, dass die Sorgfalt fehlte, man in Fließbandmedizin oder - justiz abgefertigt wurde und vielleicht sind beide Sichtweisen falsch.

Zähne

Die Menschen werden durch die günstigen Lebensumstände immer älter. Herz, Lungen, Nieren und viele anderen Organe altern, so hat man den Eindruck, langsamer als früher. Nur die Zähne scheinen von den günstigen Lebensumständen nicht im gleichen Maß zu profitieren; sie sterben meist vor dem Menschen.

Zehn Gebote

Die Sprachfälscherei ist wohl so alt, wie die Sprache. Schon die von Moses vom Berg herabgeschleppten steinernen Gesetzestafeln zeigen dies: Sie werden die zehn Gebote genannt, sind aber 8:2 Verbote. 2 mal heißt es "Du sollst" 8 mal aber "Du sollst nicht".
Für den Menschen in seiner ursprünglichen Lebensweise gibt es keinen ersichtlichen Grund nicht zu töten oder etwas nicht wegzunehmen, was ihm erreichbar ist. Sind aber Gemeinschaften gewünscht, ist der Schutz der Schwächeren notwendig. Weil es aber dem Stärkeren

keinen Vorteil bringt, eine Sanktion meist nicht möglich ist, wird die Strafe in den Religionen ins Jenseits, ins nächste Leben drohend verlagert.

Einem anderen das Weib wegzunehmen ist gleich in Gesetz 6 und 10 verboten, einmal gemeinsam mit Haus und Vieh. Ist damit der Viehdieb ehrsamer als der Ehebrecher? Es lassen sich Rückschlüsse auf den Verfasser ziehen.

Zeit

Der Mensch bemerkt nicht die Zeit, sondern die Veränderung. Hierzu bedarf es stets einer weiteren Dimension. Meist ist es der Raum. So mißt er die Geschwindigkeit, in der die für ihn nicht wahrnehmbare Zeit enthalten ist. Hieraus extrahiert er dann die Zeit. Gleichungen bei denen auf beiden Seiten Unbekanntes ist, ist zu mißtrauen. Ist die Geschwindigkeit auf die Ausbreitung des Lichtes beschränkt, der Raum unendlich, ist dann nicht auch die Zeit beschränkt? Ist es dem Christen Trost, wenn er sagt, wer früher stirbt, lebt länger ewig?

Der Mensch sagt, die Zeit vergeht. Aber vielleicht verharrt die Zeit und der Mensch vergeht. War es vielleicht dies, was Platon mit Sein und Werden meinte?

Zeitgemäß

Alles muß zeitgemäß sein, also der Zeit angepaßt. Was zeitgemäß ist, wird angesagt. Aber von wem? Vom Rat der Weisen, einem Designerkonzil, vom Markt? Egal. Das was herauskommt führt zur Uniform. Bunter, vielfältiger ist das Leben, wenn jeder selbst festlegt, was zeitgemäß ist.

Zeitung

Es ist erstaunlich, dass jeden Tag genau so viel passiert, dass eine Zeitung gefüllt ist. Da dies eher unwahrscheinlich ist, werden wohl an ereignisarmen Tagen Belanglosigkeiten aufgeblasen. Da dies nicht immer ausreicht, nimmt man sich irgendetwas aus dem Gesundheitsbereich oder schließt aus Halbwissen auf eine drohende Katastrophe. So haben wir Schweinepest, Rinderwahnsinn, Vogelgrippe und vieles andere kennen gelernt. Ja, jeder Regen wird als sicheres Zeichen des näherkommenden Weltunterganges interpretiert.

Zensur

Es gibt eine Reihe von Demokratien, die von sich behaupten, es gäbe keine Zensur. Der einzige Unterschied besteht aber darin, dass es keine Zensur mit klaren, festgelegten Regeln gibt. Die stets freundlich lächelnden Gutmenschen üben teils eine unbarmherzige, demokratische Zensur mittels Empörung aus. Das Strafmaß der political correctnes ist die öffentliche Ächtung.

Zerstreuung

Eines der deutschen Wörter, die mit viel Tiefgang treffen, wie Zeitvertreib, Kurzweil oder Müßiggang. Die Zeit, die der Mensch für sich nutzen kann, die Muße, wird nicht benutzt, um zu sich selbst zu finden, sich zu sammeln, sondern im Gegenteil, man zerstreut sich, vertreibt die Zeit. Hierzu gibt es ein breites Angebot, besonders augenfällig als kommerzialisierte Freizeitaktivität. Bedenkenlos wird die Freizeit und Freiheit Fremdinteressen geopfert. Hierzu mag auch der aus dem Protestantismus stammende Spruch "Müßiggang ist aller Laster Anfang" beitragen, der Tätigkeit an sich fördert, und sei es Löcher in Treibsand bohren.

Zitat

Mit einem aus einem Text gewonnenen Zitat läßt sich fast alles beweisen, meist sogar das Gegenteil des gesamten Textes, aus dessen Zusammenhang es gerissen wurde. Daher ist es unredlich den Autor eines Zitates auf eben diese Aussage festzulegen, ohne dass es auch der Kontext fordert. Gerade im politischen Alltag wird so vorsätzlich verkürzt, da man darauf vertraut, dass die Zeit zur Klarstellung fehlt und es immer gut ist, wenn der politische Gegner in Verteidigungsposition ist.

Zölibat

In der katholischen Kirche gibt es einen Ruf nach Abschaffung des Zölibats, Anerkennung gleichgeschlechtlicher Partnerschaften, Zulassung von Geschiedenen zum Abendmahl u.ä. Dabei gibt es all dies schon lange: Es heißt evangelische Kirche. Dahinter steht aber eigentlich der Versuch, den Glauben zu demokratisieren.

Zufall

Viele kluge Leute versuchen die Zukunft zu planen. Sie bereiten sich auf eintreffende Ereignisse gedanklich vor und überlegen sich die Reaktion auf die eine oder andere Veränderung, um, wenn sie eintritt, gerüstet zu sein. Aber je genauer und umfangreicher sie planen, desto wirkungsvoller trifft sie der Zufall. Sie sind ihm hilfloser ausgeliefert als ohne Planung.

Zuvielfalt

Wenn auch eine große Auswahl viele Vorteile mit sich bringt, so fühlen sich ein Großteil der Menschen durch die Vielfalt und damit mit ständigen Entscheidungen überfordert und es bleibt stets das Gefühl, doch nicht das Beste gefunden zu haben. Um dem zu begegnen, wird viel Zeit zur Vorbereitung der Entscheidungen aufgewandt. Diese Lebenszeit ist der Preis und man sollte zunächst hier schauen, ob er nicht zu hoch ist: Recherche nach der besten Erdbeermarmelade oder Frage nach dem Sinn des Lebens?

Zweifel

Normiertes Denken führt nicht weiter. Auch das Gehirn wächst mit seinen Aufgaben, ein Schonen tut ihm nicht gut. Der im Zweifel enthaltene Widerspruch findet sich wissenschaftlich in der Dialektik oder der Nullhypothese. Und auch im Alltag führt der Zweifel zu bewußteren, rationaleren Entscheidungen. Daher wird er meist nicht gemocht, vor allem von denen, von denen oft zu hören ist: "Das haben wir schon immer so gemacht."

Es gibt aber auch den destruktiven Zweifel, die ständige Angst einen Fehler zu machen, dieser mündet in die Handlungsunfähigkeit.